風物季語

在季節流轉中品味日光和北風，
於淺山流域鋪陳一桌客家菜

目次

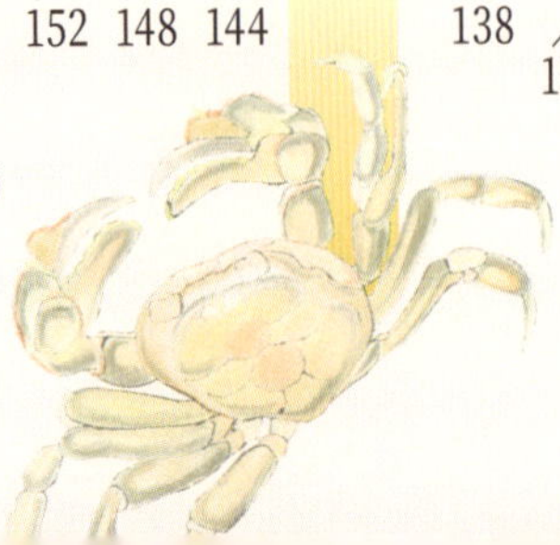

初夏薰風

①尋細路
②紫蘇梅
③瓜子肉
④合味（花生豆腐）
⑤桃李戀
⑥月桃
⑦防疫魚腥草
⑧味緖

尋細路

轉角就到山林壁壢角

小學最後一年，離開鄉村生活前夕，雖然年幼，也有一種再也無法無憂無慮生活的感知，油然生起無論如何也要到山裡一探究竟的執念，這是我僅有一次近身體驗早期客家人靠山林維生的活計之一；撿油桐子。

回想起來，也只能約略得出「路是人走出來的」淺薄體會，在滿山油桐樹冠遮蔭下尋找油桐子並不容易，或許是因為入山時間不對或太晚，油桐子早就被撿拾殆盡，也可能是首次入山的小孩對未知恐懼，沒有看見路徑就不敢走路，只能停頓在有行跡的地方，通常天上不會總是掉下禮物剛好讓你撿，因此就得試著深入樹叢裡才有機會找到果實，仔細尋找發現的不是油桐子，而是隱然露出比細路還模糊的痕跡，這也是我第一次

了解到，原來人可以不用走在「路上」，自己開路走也可以。

油桐樹林和桂竹林相伴而生；兩者都是野生雜樹林的自由之地，即使年復一年的有人不畏草萊裡危機四起，也要深入林間求生一如兩百年前，路徑年年為叢莽瞬時湮滅，而有為者來年還是得自尋行跡。

油桐（*Vernicia montana*）大戟科落葉喬木，日本時代引進的經濟樹種，小時候聽聞用米換火柴的故事，才知道火柴是用五月時節以白色塗滿山頭的樹幹製作，去過美濃後又多了一個跟油桐有關的豆知識，美濃油紙傘塗層防水用的是桐子油，這棵樹從經濟作物到觀賞作物，走了近百年。

桂竹（*Phyllostachys makinoi*）台灣原生種筀竹，也稱台灣桂竹，客家人說桂竹，既是原生種，就有原住民用語，泰雅族稱阿力（ali），賽夏族人的筍子一律是阿嗨（anhi），各自錯落交互為生，各取所需。

細路（seˇlu+）於客庄伙房而言，可以是田埂，可以僅是熟門熟路的通往某處捷徑或祕徑的小路，於現代人的眼光就是非統治者劃定的行政道路、偏離大馬路的路徑都叫細路，往往是有某種特殊勞動的人開鑿之路，伐樟煉油的叫「伐木細路」，鑿湖製紙的稱做「紙湖古道」，種茶植橘的是謂「茶路農路」，新進重現的「樟之細路」（RS，Raknus Selu Trail）是客家人挺進內山，自土牛溝到內山公路又再深入開墾的痕跡。

路是人類的行跡，於其他生物看來，至少於現代石虎是危險的所在，卻是人類勤勞開墾與辨識安全性的標誌，而細路是客庄生活的一部分，有的人一輩子都在細路間行走，不須刻意尋找。

六龜客家人抱怨特意到北部走「樟之細路」，以為自己能夠在山徑上分花拂柳，欣賞山花爛漫，卻發現原來在雜貨店旁的小路上去就是了，或者在一間郵局後方就有一條路也是，幸運一點可以發現古早洗衫坑水路上頭的小路，細路沒有大山大海，不一定在山林壁壢角（biag lag gog），唯有過去的和現在的日常，時候到了，遠遠遙望雜樹林的桐花雪，抑或深入林裡踹一腳桂竹筍。

客家人說行細路，很多時候是在說走捷徑，比較快抵達的小路不一定比較好走，或許要行崎，可能雜草很多，要穿過竹林。

紫蘇梅

拐走一顆恁靚的梅

「細妹仔按靚／就像那一枝花／白白的牙齒／紅紅的嘴唇／目睭會講話」，羅時豐的〈細妹按靚〉是流行歌曲首次以客語演唱並大受歡迎，是很多人認識客語歌的開始，甚至是唯一會的客語形容詞，與專輯同名稱的歌在一九九二年發行，同時收錄台語和客語兩種版本，當時歌手仍然被認為是唱方言的歌星。

時代飛奔，二〇一七年客語抒情歌「細妹恁靚／紅咚咚的面頰／妳就是靚靚的發在我心裡的一蕊花」也是〈細妹恁靚〉，年輕的歌手蕭迦勒以客語歌手的身份出道，唱得理所當然隨性自在。

客家人用三十年的時間提升客家意識先不論成績，有一件事可以非常確定，那就是「細妹恁

靚」恁是無庸置疑，如初夏時節在菜園裡、在屋簷下的盆栽裡，一條浪漫台三線蜿蜒蔓生於細路上的紫蘇般華麗高貴。

很長一段時間對客家人把紫蘇叫成蜗絲（guaiˇ siiˊ，音同拐細）興味盎然，到處採集詢問找不到答案，問我媽幾次她才想出個答案給我，「好像聽過guaiˇ siiˊ恁靚（很美）就像細妹（女孩）一樣，要採下來帶回家。」答案就在身邊的意思如此質樸可愛。

客家人哄小孩叫「拐細人仔」，採一把自生紫蘇帶回家，好似拐帶美麗的少女，我沒有被人拐走的經驗，阿婆看得很緊並時常告誡，倒是被她拐著吃藥的回憶很多，如今想來卻非常甜美，吃完藥可以得到一顆糖，糖果吃完還沒補充，就給一顆隨時都有，在玻璃罐裡的甜梅。

仲春之後，經常用紫蘇炒肉，用做配料，醃漬，最期待是醃紫蘇梅，不只是期待醃了一年的梅子要開封，是過程有一種安撫鎮定人心的效果，抑或所有古老的物候傳統都有一種儀式感。

買回來的梅子在水缸裡泡三天，每天都掀開蓋子看看，小孩子看不出所以然，也不知道為什麼是三天，待到第三天瀝乾水放到蒸籠裡蒸，一股酸甜氣息隨著水蒸氣飄出，會突然感到三天是值得的等待，好運的話會遇上好天，一顆一顆鋪在竹篩籃上，陰天就陰乾有太陽就曬乾，陽光下升起醉人氣息，口齒生津。

最後一道程序是梅子放入罐子，煮糖水加入，第三天糖水倒掉，再煮新的糖水加入，再三天同樣的步驟，如此三次，第三次加的是用乾燥過的紫蘇熬糖水，加入密封，等待一年後再來開封。

我媽在小舅媽過世十九年後找到一罐紫蘇梅，是在清理舊器物時發現了在牆角下的她，二十多年前的漬物該不該把它吃下肚？這種機會人生難得幾回，何況有人喝百年前的葡萄酒，自海底打撈起的香檳超過百年被視為人間佳釀，我舅媽的紫蘇梅帶著沉厚的煙醺口韻有點泥炭味，堪比有煤泥味的威士忌還甘醇。

雖然覺得詞典裡用蛶絲（guai`sii`）發音不是太準確，客語九腔十八調總是有人這麼說吧，考據紫蘇典故，以蛶絲名之，字面上的意思；蛶是青蛙，水雞，田雞，絲是細微的線，以音韻的角度著墨，在漢文化圈有兩百多年的歷史，各地的名稱都不同，最初在《爾雅》中稱作桂荏，荏就是色厲而內荏的荏，也是植物名。因此，最早的稱呼之一也有桂蘇（gui su）和雞蘇，在轉音時說蛶絲（guai sii）說得通，水雞是青蛙是蛶仔。

除了盆栽，紫蘇是前一年的種子落下土裡自生，照時序與梅子成熟時相伴，紫蘇梅真時令。

1

2

3

4

1 | 紫蘇梅小黃瓜。

2 | 紫蘇梅鹽生菁仔筍（萵苣莖，台語鵝仔菜）。

3 | 冬季醃結頭菜和橘皮，非常好吃。

4 | 紫蘇梅罐裡，經常是醬汁和紫蘇用完了，梅子還沒吃完，可以待到紫蘇盛產時，再一次加入，又能再次裝滿整罐紫蘇梅。

瓜子肉

阿公快遞便當菜

回想起來，初夏時節於鄉村小學生實在無趣，小滿稻禾青青無處去，沒有應時的零食顯擺，除了同學友伴互相捉弄取樂；端午前五月桃和西瓜都尚未熟成，沒有什麼水果，家裡只能應付著讓帶盛產的小黃瓜作便當水果，對小孩來說不甜的瓜果怎麼算是水果，百無聊賴連啃都懶。

有一次帶小黃瓜到學校，隔壁男同學說，分我一口，已經換夏季服裝穿短衣褲的男生，腳上大腿有幾個已經結痂的疤，張口就說，把疤摳掉，一整條都給你，人性中詭異的心思至今不解，盯著傷口滲出的血跡，看同學一口接一口啃瓜，一起等著中午的便當。

幾樣適合做便當菜的客家料理中，鹹菜剁豬肉之覆菜肉餅和醃瓜剁豬肉之瓜子肉最受歡迎，

做成肉餅再配個水果，蛋白質、澱粉跟維他命C都有了。肉餅是家常菜，肉多配料少黏性夠可揉團蒸是客家版肉丸，店家簡單解釋「客家獅子頭」，或有些加太白粉的做法，簡直讓人吃不下去的詐騙瓜子肉。另外，客庄小吃攤則有客式滷肉飯，肉跟配料各半，有滷汁可當澆頭，直接鋪在飯上，下飯又親切讓人感到安心。

做瓜子肉的醃瓜仔（am`gua`er）是用菴瓜（同醃瓜，亦即越瓜）做成的醬瓜，現在的家庭菜園裡很少看到，是大量栽種的經濟作物，產地直接送到加工廠，客庄裡的菜市場大部分時間都能買到。

菴瓜是香瓜，現在多稱美濃瓜的變異種，一六八五年蔣毓英編纂的《台灣府志》中已有記載，「莔瓜質長而色斑，又有白色者，亦名白瓜。」莔瓜就是菴瓜，而日本人稱菴瓜為白瓜，有「夏之季語」的名號，也是奈良漬重要的食材。客家醃瓜有兩種，一種以鹽醃，另一種是豆醬醃，做瓜子肉以豆醬醃的香氣比較足。菴瓜也會拿來作福神漬（ふくじんづけ），一種不發酵的漬物，是日本時代留下來的做法。

我認為最好吃的醃瓜仔要用香瓜醃製，才是最高級的客家漬物，早期推廣美濃瓜種植，鄉村家庭跟隨潮流，也會在自家菜園種幾棵時代的產物，如今不斷育成更符合當代人口味的美濃瓜成了精緻高級水果，需要專業植栽才會有收成，也就少有家庭菜園種植，反而失去風土珍味。

台灣人對葫蘆科和番木瓜科的蔬果以瓜來統稱，並有三百多年的使用傳統，攝影家楊基炘在一九六〇年拍過一幀採收菴瓜的照片為《豐年》半月刊所用，其中照片說明提到：外省來台人仕，在瓜類的名稱上，常會將越瓜與適合涼拌或炒菜的胡瓜（黃瓜）相混淆。胡瓜上面有疣狀的刺，所以本省俗稱刺瓜。由此得知，台灣人對菴瓜的深刻了解。

現代菜園的瓜類蔬菜，最多的是小黃瓜和大黃瓜，台灣黃瓜多為雜交品種，大約有二十個品項可挑選，以形狀大小來分，但習慣生吃小黃瓜，大黃瓜拿來做料理。黃瓜就是刺瓜，客語是竻（ned）瓜仔，是夏季菜園中每天都可收成的蔬菜。

台灣夏天的葉菜不多，新鮮蔬食多半是瓜果，此時，就是客家漬物開封之際，鹹菜乾、豆乾、瓠仔乾和醃瓜仔等等，小學離家近，我的便當通常跟家裡中午吃的飯菜一樣，阿婆提前半個小時做好，讓阿公在下課前十分鐘送到，站在教室後面等，順道監督我在課堂上乖不乖。

1

2

3

4

1 ｜做瓜子肉的食材。
2 ｜蒸瓜子肉圈。
3 ｜瓜子肉便當。
4 ｜美濃瓜客家人說香瓜。

合味

happy together，淡紫色的花生豆腐

有人叫它紫色的豆腐，精準一點說是帶著灰階的淡淡紫，像五月初夏時節，山坡上的紫陽花（あじさい，繡球花），或者花園裡最淡的紫色堇菜，這種十九世紀中期以後，因為化學合成染料被發現而風靡西方世界的淡紫色（mauve），在自然界中屬於少數的色彩，也很難被製造出來，如果當時的西方上流社會看見六堆婦女做出來的紫色花生豆腐，一定為之瘋狂，奉為高檔名物。

在東西方世界都象徵著高貴與皇權的紫色，終究因為染色原料稀少而難得，最知名的必須用海裡的骨螺（murex）或是紫草科（Boraginaceae）植物製染料。然而並不是被反射出紫色的物體就能染出紫色，六堆紫色的花生

豆腐，根據研究是因為花生種皮與熬煮的鐵鍋相互激盪，化學反應的紫色光芒。

客家人叫花生為番豆，花生種皮就是番豆仁的外衣，稱為番豆衣（rhiˊ），在營養學上，番豆衣富含前花青素（淡褐色、紅色）、花青素（黑色）及白藜蘆醇等特殊天然抗氧化物，超過三代都以賣番豆豆腐為生的手藝人有個深信不疑的祕訣，那是製作前番豆必須在太陽底下曝曬兩三天，曬到番豆衣的顏色變深，對此工序深信不移才能臻於美味，或許這也是淡紫色的成因之一。

花生豆腐並不是豆腐，而是客家米食的一種，以在來米、花生和一點蕃薯粉蒸煮而成，為南部客家六堆地區的特色食物，可追溯到始於內埔鄉新東勢鍾家伙房，是將近百年歷史的客家菜，甚至有番豆豆腐不過下淡水河（高屏溪）之說，就算在外地流傳，也都是在客庄的餐飲場所。

世紀初，島嶼掀起社區再造風潮，地方媽媽們忙著學習各種新手藝、新技能和改變生活環境，從食物到手工藝，從講習會到讀書會，我第一次吃到花生豆腐差不多是那時候，我媽的死黨在峨眉開假日客家點心店的阿姨的新菜色，白白嫩嫩的看不出和一般豆腐有什麼不同，甚至一度以為是水粄（碗粿）的放大版；倒扣的花生豆腐上鋪一層七牽插（九層塔）淋醬油膏，有時候用水粄的韭菜熗配頭鋪在上面，吃起來不像水粄這麼硬卻依然爽口，造成一股小小的風潮，花生的香氣豐富迷人，很少人能抵擋。

但沒有人知道怎麼來的，只知道這個新菜很合味（gab mui+），合味於客家人而言不只是食材料理得好，還有很對自己的胃之意；這個從南方客庄傳到北方客庄的食物，真正體現客家人另一個對於喜愛之人事物的說法——「合意」（gag rhiˇ）——情之所鍾，心生喜悅。

1｜北客庄的花生豆腐比較白，加七牽插醬油提味。

2｜南客庄的花生豆腐。

3｜南客庄花生豆腐的典型吃法，撒上花生粉醬油膏。

桃李戀

只是想要一點酸甘甜

桃仔、李仔，無論閩、客的名詞經常要加語助詞，「阿石仔，李仔好吃嗎？」聽起來溫柔親切。以前桃園也叫桃仔園，《伊能嘉矩台灣地名辭書》有，「最初地名稱桃園，但漳人風俗稱桃為桃仔（thô-á），乃稱桃仔園（thô-á-hng）」，這是一七四七年（乾隆十二年）在虎茅莊之地「花盛開紅雲搖曳」因名桃園。桃園最早由粵籍客家人薛啟隆率數百人自台南北上開墾，客語桃仔（to er），花開幾月。

經常好奇台灣以植物命名的地方，真有華麗似錦的盛況，像是豐原南坑滿山李仔（li`er）的李仔山，現今連名字都找不到，卻是台灣第一美男子，又稱第一才子，豐原出身的知識份子呂赫若回老家時必定去爬的山，並把李仔吃好吃滿到

吃不下飯，或邊散步回家邊啃李仔，每次看他的日記都不禁佩服他的鐵胃，或問八十年前的台灣人都不怕酸。

呂赫若小說以《牛車》和《清秋》較知名，他曾經以音樂、演劇帶動台灣社會的覺醒意識，在奮鬥的人生中只有短暫的回到豐原休憩方能得到喘息，家鄉五月的莧菜李很酸也很甜，生吃莧菜李的趣味在於期待咬出一點甘味，否則只能想辦法用甘草和南薑醃過吃趣味。

春末夏初，李仔熟成正逢莧菜大出，客家人

以此稱呼，是諸多李仔品種中最早熟成者，也是最傳統的地方品種，客語莧菜（han+ coiˇ）也是荇菜音同杏，有杏菜李的說法。

桃李於台灣人，風物的意義大於食物，二月梅花、三月桃花李花開，五六月桃仔李仔掉落地，小時常見花期過庭院一角落花泥濘，接下來等著掉落無人敢嚐的桃李，世人都愛甜蜜十八度，現今水果王國不愁沒有蜜一般滋味的水果，不若過去粗礪的地方品種，酸澀蓋過甜度，只得以鹽漬糖蜜，醞釀滋味。現代農人的嫁接技術純熟育種，高甜度的水果是台灣人的驕傲，嫁接的桃接李最能說明桃李戀的精髓。

桃接李，以桃樹當砧木用李枝接穗，砧木是根本位於基部，果實由接穗長出來，桃接李以李接穗，長出來的是李子。愈接近的種類嫁接愈容易成功，同是櫻屬（*Prunus*），桃和李嫁接出風味小食蜜漬李、醃桃仔，賞月吟風添加趣味。

桃李是感性的風雅之物，客家山歌入門款〈桃花開〉傳唱好幾代人，每一世代的客家人都有自己的桃花開，最新的一首是春麵樂團的〈桃花開〉，比起過往更見氣韻優長，一如歌詞中「時代中年輕人為難的需求」。

需求為難想方設法都要弄到，現代台灣人有諸多果物可以選擇，定然無法想像三百多年前《熱蘭遮城日誌》中，船運貨物記下每一筆民生必需品之外，經常可見自中國沿海載「八罐醃的李子」、「六籃桃子（persiken）」或「四擔白色的李子（witte pruymen）」，讓人好奇真有這麼愛？

台灣水果改良聲譽卓著，現今醃漬桃李不用加糖都很甜，加南薑的手法保留了下來。

月桃

荳蔻年華正好鼻

公鹿凝視前方，母鹿在吃構樹，小鹿仰頭跪乳，這是以膠彩畫聞名的大溪畫家呂鐵州（一八九九～一九四二）一九三三年創作的《鹿圖》，構成這幅畫的每個元素都是台灣原生種，以擬真的手法描繪；除了主視覺鹿，背景是台灣掌葉楓、白背芒與構樹，前景畫了月桃和東方狗脊蕨益顯珍貴，尤其月桃是島嶼中低海拔隨處可見的民俗植物，卻少為台灣畫家青睞，這是僅有的幾幅作品之一。

台灣到目前為止紀錄了十八種月桃，其中十二種為台灣特有種，

客家人以枸薑（gieu`giong`）稱呼月桃，或許是因為月桃碩果成熟時轉為朱紅色，很像常備藥（食）材枸杞。月桃從根莖到花葉種子深入台灣人的各個層面，葉子是食物的容器，長莖做繩索，地下根是食材也是藥材，花朵馨香姿態嬌豔，萃取精油讓人迷醉，是客籍作家詩作中愛用的比喻。

客籍作家杜潘芳格有一首知名詩作〈月桃花〉，「有翠綠个細崗，／月桃花在个位開垂乳白色花。／像婦人家个乳房垂開一波一波。／長又大个葉下搖啊搖像乳姑樣。」一首白描的詩亦如善於寫實的膠彩畫，把月桃生長的地方、植株狀態和花朵形狀，一氣呵成完成，描摹乳房生動莫過於此，那朵花應該是十八種裡分布最廣的良薑，而《鹿圖》裡的紅褐色小花比較像是山薑。

從寫實到情感抒發，另一位客家女性詩人利玉芳有「名叫月桃的母親／一邊裹粽／一邊餵奶」這是她在〈雙流泉湧十四帖之四〉中的句子，讓我們想起叫月桃的姆嬸姐妹們，並懷念起勤勞雙手用月桃葉包的粽子。

詩人的創作，杜潘芳格自日治起是跨越語言的一代，戰後的利玉芳可以嫻熟地運用客、台和華語，到了第三代詩人邱一帆則回歸共同的基礎，以母語創作，詩名乾脆直接標記〈枸薑花〉來寫透這款民俗植物，提升到感官與精神層次，嗅覺是最高的感官能力，鼻子早於眼睛理解一切，成就了他的一身客家魂。

> 隨身个刀嫲／出門做事／斬幾條枸薑／捶出頭擺个薑索／綁樵絫杈／孩（kai`）轉艱耐个生活／陡陡个山頂／有陣陣个花香／長長个山路／有啾啾个鳥聲／順路／摘幾皮薑葉／包著客家山林个味緒／好好來鼻／一生人

客語鼻是名詞也是動詞，有嗅聞之意。月桃花氣味芬芳仍不敵磨碎的月桃子和塊根的濃郁刺

攝影／江申豐

激，前者最知名的產品是被日本人拿來製口味兒，在日本時代號稱旅行必備品，這是翹鬍子仁丹創辦人森下博一來台灣旅行時得到的靈感，口味兒的配方之一砂仁是同為月桃屬植物的種子，仁丹剛推出時就是一顆紅色小丸子，改了三次到現代的銀色版本，月桃是中國古代的草豆蔻，也是晚唐詩人杜牧〈贈別〉一詩中的十三歲好似荳蔻的年華。

1

2

3

4

台灣薑科月桃屬十八種植物在島嶼分佈廣泛，成了有地域色彩的植物，有些直接以地方來命名，像是恆春月桃、烏來月桃、南投月桃，新近發現的歐氏月桃只生長於東南部，從《鹿圖》畫作中的元素可以探究島嶼的原始生態，也就能理解原生於此的月桃，如何成為各族群都有的各自記憶與鄉愁。

1 ｜像乳姑的月桃花。

2 ｜盛開的月桃。

3 ｜成熟轉紅的月桃子（攝影／李東陽）。

4 ｜月桃粽。

防疫魚腥草

Shiro的狗貼耳招招手

你不用伏首貼耳我也會愛你；聽說是出生那一天，爸爸抱了一隻小白狗回來叫牠Shiro，一直以來只知道怎麼叫牠，沒想過怎麼寫，不曾疑問為什麼要叫Shiro，直到一次家族聚會講起Shiro要離開前，跑去山上挖了個洞，有一天出去了就沒再回來。

才突然地困惑為什麼叫Shiro，大家笑笑你看我我看你，沒有人回答Shiro到底是什麼意思。其實，在台灣文學作品中有好幾條叫西洛（Shiro）的狗，最近看到的是洪明道的《等路》，這條狗通常出現在描寫台灣鄉紳家庭或社會寫實小說裡的忠實夥伴，Shiro是日文的しろ（白），日本時代以來的慣習，台灣人的狗，小白叫Shiro，小黑叫くろ（kuro，通常寫成庫洛）。

這是我們愛的所在，繼承了眾多連自己都不知道的遺產，像是武漢肺炎（Covid-19）大流行到了末期，台灣人才正式面對大爆發的恐懼，抗疫的情緒挑動，大家在各自的傳統生活知識系統裡搜尋應對之道，藥草和食療是人們最熱衷的方式，一來有趣，並增加生活廣度，二來台灣人對漢醫跟食療有根深柢固的依賴。

漢醫藥療法中，衛福部認證的兩款抗疫藥方，確診後用的清冠一號跟預防用的藥單推薦，同時出現魚腥草的名字，魚腥草是三大藥草之一，也是藥理學認可的免疫良方，素有天然抗生素之稱，島嶼田野尋常可得，在桃竹苗地區鄉間蔓生，經常在夏季時跟仙草一起熬煮去暑熱。

魚腥草（*Houttuynia cordata*），客家人叫狗貼耳，我輩經常是有客家話沒有客文，這款自小就聽過的藥草，看到的時候通常已經是曬乾了，無法辨識到底像不像狗的耳朵，更重要的是，哪

一種狗的耳朵，對我來說理所當然是台灣土狗。

到菜園裡去做田調，牆腳下的狗貼耳，草本植物根莖最長四十公分上下，矮矮的貼牆或伏地而生，或許是這種生態樣貌，才會被叫成狗貼耳，看起來伏首帖耳恭順溫和，容易摘採。但此時拔起來，熟悉植物特性的老農馬上糾正，狗貼耳要端午過後才能拔，味道才會出來。

狗貼耳以植物形狀特徵命名，魚腥草以氣味來說，但未熟成的嫩葉並不腥，拿來做沙拉，有點酸適合佐肉。我媽說，要等到老熟才會聞到魚腥味。

藥草知識與命名展現地方風土活力，客家人以動物形象替植物命名，經常以活潑生動的擬態展現常民智慧，蝦公夾是咸豐草，鹿仔樹是構樹，鷂婆翼是山蘇，還有可愛的雞公髻花是雞冠花。

國家中醫藥所防疫茶藥方，有黃耆三錢、桂枝二錢、桑葉三錢、薄荷三錢、魚腥草三錢、生薑三錢、紅棗五枚、甘草二錢。看起來都是容易取得的中藥草，其中三種植物，桑葉、薄荷和魚腥草，更是鄉村風景的一部分，桑樹是圍籬，薄荷曾經是台灣重要出口作物，現在是最佳園藝盆栽，而魚腥草仍然是菜園邊開著的奪目小白花，最美的一道風景。

桑椹和枸杞，是菜園中常見的食材也是藥材。

味緒

客家菜有什麼滋味

當我們說粢粑時，我們說的是歡聚，盡有味緒；當我們悲傷時則恬靜，恁是沒味沒緒。

人是不會隨便相聚的群體，尤其是客家人；既被說為客家就得善於浪跡天涯作客他鄉，好不容易的聚在一起，都是因為某種緣故。阿太八十一歲盤壽，殺豬做戲大宴賓客，這些客人後來能再見面的不到十分之一，阿公過世時，家裡來了許多生平第一次見面以後也不會再見的親戚；悲歡離合，人們相聚頭等要緊的大事是如何接待，入門第一件事喝茶吃點心，怎麼吃形塑了族群特質。

幸甚，大部分的平常普通人，人生中的哀傷時刻相較於年度歡聚總是比較少，相聚飲宴按照客家人的步驟是，備好茶水，坐下來一邊斷粢粑開始各自交待這一段時間以來的生活情緒，如果是嫁娶，就等待新娘出來或進門說句，「今晡日日腳真好」，終於粄圓、炒米粉陸續上桌，話題圍繞著大菜蘿蔔

芥藍長豆……自家菜園一一點名，再補一句，「麼个味緒佞好」。

從前，當我們還能按照節慶做戲收冬，年復一年相聚時，總會不耐煩，「又是做拜拜个味緒，」那個味緒是什麼不難形容，豬肉大骨湯和香菇味道明顯，有點隱隱的海味是蝦米魷魚乾，一鍋粄圓於我，沒有大把的茼蒿、滿滿的新鮮香料蔥蒜香菜就不算吃粄圓，有季節感的青蔬才叫有味緒有意思。

味緒到底是什麼?客語中海陸腔的「mui+ siˇ／suiˇ」說起像是華語的「米喜」，四縣腔是「mi xi」一如「咪嘻」，有一陣子我經常寫成「咪緒」，覺得這樣才能表達自己的口音。

上古漢字「味」於大部分華語使用者都能清晰地理解並指涉，不用多做解釋，反而「緒」才是關鍵，以辭典中解釋緒的其中三個意義來理解客家人的客家味，我認為頗為適切。

首先，緒是事物的開端，像是千頭萬緒或以英語end of thread（絲端）來想，熗油炒菜和炆煮禽肉是起點、是基礎，更是日常，如果能日日操演餐桌，就會成為熟悉的味道，就會被記得，就是族群的底蘊。

再來，緒是次序，食物已經料理好，安排妥當，一切就緒並粗具規模有個樣子，才能好好享用，當客家人說味緒恁好時，必然是這道菜有遵照傳統的做法做出記憶中的味道，抑或者搭配得很好，是一道好吃的菜。

緒在膳飲美食，到了最後無非滿足，是一種心念或心境，就是「合味」並對了你的胃，也是合胃。沒味沒緒沒生趣，飲食之於客家人，無法吃出興味生活就沒有趣味，一如人生千回百轉心緒起伏，崎上崎下行來顛簸冷熱皆是日常。

用一道客家菜具體示現味緒，我會用粄圓，客家米食的最初，糯米要一年好呢還是新米，長糯好呢還是圓糯，比例如何是各家手法，這是開端，是準備挼粄圓之前千萬思緒的起步，接下來製作粄嫲、浸米磨漿亼粄仔，沒有這些順序就不會有粄圓可以煮，就無法比較配頭香料的風味；粢粑迎賓，粄圓炒米粉安頓旅途勞累，有味有緒相見歡，才能滋味無限回味無窮。

1

2

3

4

5

千頭萬緒說客家菜的滋味，都是日光與風的節奏、地理風土建立起來的口味；不鹹不淡不是我們的態度，上菜之前的粢粑、粄圓、炒米粉的味緒，讓人認識自己，知道我是誰。

1｜客家粄圓集客家人對味緒的意義於一身，包括情感、喜愛的食物，以及客家味的基礎。

2｜炒米粉是客家人聚會經常出現的一道料理。

3｜被說成客家小炒的炒肉，是知名度最高的客家菜。

4｜炆爌肉搭配桂竹筍乾的筍乾爌肉，是客家宴席必備的一道菜。

5｜用鹹菜乾做肉丸子，比用鹹菜乾做梅乾扣肉，更常出現在客家日常餐桌。

暖風 送 午時水

煏油炒肉

你的客家小炒不是你的

客家菜風行，經常被朋友交付推薦菜色的任務，作為客家人推薦客家菜成為必須；最好吃的和必吃的是哪一道菜，以及你最喜歡的是哪一道菜？前面兩個提問很麻煩，因為最好吃的通常沒有名字在自家餐桌上，依照傳統過鄉居生活的客家人，可能就是一日三餐都會吃的炒菜或炒肉，或者有肉也有青菜的那盤菜。

和朋友到客家菜館，不需要提示，一上桌大家都會同時說，「客家小炒。」有些朋友甚至說，不管到什麼餐廳都要點一盤客家小炒或者像客家小炒的餐盤，即使是豆乾肉絲都好。

對台灣人來說炒菜是日常餐桌，是家常菜，客家人把家常菜慎重其事地端上宴客的餐桌，成了客家宴席四炆四炒，其中四炒的炒肉、薑絲炒

韭菜

大腸、鳳梨木耳炒豬肺、韭菜炒紅旺（鴨血或豬血）；看似簡約卻考驗功力，這是客家菜獨有的煏油技藝成就的豬油美味。

⿰火辟（biag）也作煏，將豬油炸出來，或者炒菜之前，先將三層肉爆出油來使用，這是客家炒肉的基礎。

探究炒菜得從英文stir fry的說法來理解，在油裡攪拌，客家人說是在鑊頭（vogˋ teu）裡翻炒，鑊英文字直接取漢字Wok（huò）來用，以此證明是漢文化才有的料理手法，也是最常被使用的料理方式。炒菜雖是日常卻是最困難的料理手法，難以學習又考驗手藝，沒有標準流程，火侯大小要自己心領神會，然而以鐵鍋加油大火快炒是台灣人衷情的熱炒店的起點，換句話說，能熟練炒家常菜，就有機會開百元熱炒店。

四炒中的薑絲炒大腸或許是最能展現炒功技藝的一道菜，也是傳說中的菜單，即使是客家日常也不容易吃到，那是大灶時代的生鐵鍋，把熱點升到最高，簡單的食材大腸、薑絲和工研醋，大火開一分鐘以內上桌，如何掌握最佳火侯與速度，完全靠不斷的練習與琢磨，心法在日積月累的廚房裡，無法外傳。

而炒肉，則成了歷史學家霍布斯邦（Eric Hobsbawm）的〈創造的傳統〉，被名為「客家炒肉」或是他者指名的「客家小炒」，成了《被發明的傳統》（The Invention of Tradition）中所揭諸的傳統是人為創造的、是具有文化和社會意義的，有不斷累積的過去（past）才能創造現在（present）的傳統，於是有了「客家小炒爭霸賽」確定了客家傳統飲食文化傳奇。

客家人廚房裡尋常的一道菜，可以變成富有傳統文化意涵的族群活動，是因為客家炒肉有其繁複多變的可塑性，這道菜的食材在每個客家廚房裡都有自己的習慣作法，包括食材、香料、做法都有些微差異。最經典的是客家牲禮中常見的豬肉、魷魚乾與豆製品，以及隨著季節變化而不同的菽香香料，甚至菽香的手法各有奇趣。

於客家人而言最受歡迎的食材是海味魷魚乾，於是處理發泡魷魚乾的技巧、方式就能成為論述的題材。主角食材豬肉，要能辨識高級的三層肉是哪個部位，平日不做牲禮的豬肉要不要先煠過，煠肉恰到好處不會過熟是高深的技巧，把肉片切到大小均勻好看，煏的肉才不會過老又保持口感，煏出的油剛好可以爆香魷魚乾。

加蔥好呢還是用芹菜好，蔥香的學問光從文字就能自成篇章，最後炒出巷口傳香的客家小炒，是你鍾愛的客家小炒嗎？

客家小炒從食材到切魷魚乾的手法都有講究。

一盤白斬雞

慶祝母親的節日

「閹雞（rham gai）係公个抑系嫲个，」我母親不吃公雞，認為比較兇有兇毒，為此在還不會辨別雌雄時，往往買到公雞都要退貨或轉送他人，用這來跟她鬥嘴拿閹雞開玩笑，客語「閹雞」的發音深植腦海，是少數具象鮮明的字眼，從阿婆、媽媽，所有伙房親族的女性長輩中說出「閹雞」時，印象中總是得意快樂著。

「閹雞比賽打幾多等」是每年十月半到次年正月半常聽到的字眼。

「透早有人要來閹雞」是幼兒時期就出現的聲音，感覺上是伴隨著咯咯（gog gog）狀聲詞出現，也可能是大人逗小孩玩發出來的咯咯滾。

「雞肉盤，閹雞還係好吃」這是最常聽到的，也是從小到大看母親們較勁之處。

白斬雞搵桔醬；桔醬是客家人的工藝殆無疑義，白斬雞呢？這道自日本時代起就被視為台菜經典，在總督府通判林久三的《台灣料理之栞》中有詳細的食譜介紹，或許從客家人對白斬雞的自信來確立這盤肉是客家人的驕傲，至少從客家媳婦被認可的第一步來擁有它。

客家人的餐桌有「桌心菜」的說法，亦即這一餐的主菜是哪一樣，聽起來上肉盤最簡單，三層肉白切、雞肉盤或炆爌肉為主的肉盤最常見，常見但不容易——愈簡單愈見真功夫是為真理，也才會成為婦人家拚搏的戰場。

當客家人說雞肉盤時說的是白斬雞，因為她們從雞的選擇開始就有大大小小的眉角，捉仿仔雞來閹，要從一個月大開始養還是兩個月大小最好，閹雞的時間無疑要在冬春季，在消炎藥少有且珍貴的年代，冷涼環境病毒不猖比較不會陣亡。

最重要的是閹雞的手藝人去哪找？詩人李源發是閹雞手藝大本營苗栗銅鑼人，為此作詩一首〈閹雞〉，「雞牯沒閹兇乓乓，春夏好閹兇雞牯」，閹雞在客庄能成為一門行業，可見需求者眾。

再從雞肉盤從煠雞的火侯到切雞肉都有講究來看白斬雞是不是客家菜的傳統，切盤手藝有「四點金」的諺語，「席上盤中四點金／頭尾腳翅不容侵／嘉賓貴主皆完美／風俗由來弦外音」意指雞頭、雞尾、雞腳、雞翅保留不切斷，象徵完整、圓滿、平安，一個完美的雞肉盤代表這場宴席主人的誠意與驕傲，尤其是負責料理的家庭主婦，通常是母親傳下來的手藝。

事實上，閹雞的傳統不獨在台灣，知名的法國布列斯閹雞（Chapon de Bresse），義大利、西班牙都有的聖誕閹雞（capon for christmas），以閹雞來做聖誕大餐的傳統，但歐洲國家不是以松露、烤雞或使用了大量的香料來料理，就是整隻雞肚塞滿香料蔬果完整上桌。唯有客家人什麼都不加，再用切工來呈現，一盤白斬雞端上桌的自信，甚至不需要是鹽水雞、桶仔雞加以調味。

閹雞被喜愛珍重，一來是食味質尚佳——豐腴軟嫩，多汁爽口，香氣鮮美，色澤喜人；再有就是表現地方性的傳統，是風土飲食中最能強調在地特色的手藝。

五月的第二個星期天是母親節，由美國女權運動家庭賈維斯（Jarvis）母女倡議而來，先是母親安・瑪麗亞（Ann Maria Reeves Jarvis）在南北戰爭後，致力推廣「母親們」（Mothers' Day）的活動，動員婦女照顧孩童，為感謝「母親們」而發起的運動，但他的女兒安娜則是為了紀念母親而發起「母親的節日」（Mother's Day）活動，一九一四年美國總統威爾遜正式將五月第二個星期日定為母親節。

故事並沒有結束，在美國政府訂定這個國定紀念日之後，商業活動隨之而來，康乃馨、蛋糕、大餐的促銷處處充滿商機，安娜對商業促銷非常反感，發起抵制運動並且為了取消母親節，甚至跟企業打官司、挨家挨戶發傳單，不惜破產反制到底，晚年在療養院過世時，已身無分文。

台灣跟隨五月第二星期天是母親節的習俗，母親節蛋糕跟母親節大餐是最普遍的方式，若依照安娜的初衷——母親的節日——客家人用一盤白斬雞來表達敬意，既實際又飽足。

客庄餐廳幾乎必備雞肉盤，照片傳達了客庄風情，而母親節蛋糕則是現代人的儀式感。

𦲨香个七層塔

最後來點魔法

盛半鍋水，薑絲切細一起滾開，鱸魚切塊放下去，煮到熟透，起鍋前，火轉大，丟一把七層塔，香氣沖鼻，關火。

鹹酥雞攤前，雞塊、魷魚、甜不辣，各來一點，老闆手腳俐落，一樣一樣按照先後順序分開炸，每炸一樣撈一次，起鍋前，丟一把七層塔，香氣沖鼻，撒上胡椒粉和辣椒粉，裝袋。

猶如天女散花手一放，人間便添香氣，嗅覺提升味覺流涎，還有什麼吃不下。阿婆正在廚房起火，突然大喊，去菜園採一點香菜，到手一看嘆氣，怎麼把芹菜幼苗拔了起來。媽媽邊切菜邊叫，去冰箱拿一點蔥挑一挑，趁手接過，菜刀重重放下，這是蒜不是蔥。

主婦大廚煮菜，要下鍋前才想起𦲨香（kien`

hiong`）的料還沒備好，急匆匆的喊小孩幫忙，而且動作要快。客家人做菜要鼓香，是形容詞卻更像動詞，意思也很曖昧，炒菜中隨意地丟進蔥蒜，在起鍋前才把香料撒下增益氣味與口味，怎麼看都很像施展魔法的巫婆，煮一鍋鄉愁的湯，讓你無法遺忘的手法繼續傳承下去。

芋頭沒有七層塔就不夠香，芋頭湯起鍋前謹記丟一把下去，因此，沾芋頭粄的醬油不加蒜末，加切碎的七層塔一起用。粄圓的湯頭放的是韭菜，才能把配頭的油膩壓下去。炒米粉快起鍋了才放一把香菜拌一拌，在煏配頭的鹹香中吸飽了油脂，和米粉一起入口下肚。炆爌肉用蒜苗，客家小炒有蔥、芹菜或韭菜，都是慣常用法，最重要的是下水湯絕對不能不放七層塔。

出家人不能用五辛，蔥、蒜、薤、韭和洋蔥都是好用的香料，也是客家人鼓香愛用的食材，但最具客家特色，被認為是客家食物的莫過於七層塔和韭菜，他們是熱天吸飽陽光熱力的最強能量食物。

客家人叫九層塔為七層塔（cid cen tab）也是西方人說的羅勒（basil），全球有一百五十多個品種，台灣人喜歡的九層塔比較像甜羅勒，用量之大幾乎什麼都可以加，甚至有沒加九層塔就不能稱之為鹹酥雞之說。

這也是最初七層塔被認為是客家人食物的說法，因為客家人連吃醬油拌飯都要加七層塔，我爸說，有錢的時候還可以加一點豬油，問他有沒有吃過，說看過別人吃得津津有味，自己當窮人就好，看起來是可以沒有豬油不能沒有七層塔。

我爸熱愛種藥草，有一次問我，「螺肉是不是七層塔。」正忙著滑手機反射性就回，「對啊，七層塔炒螺肉很好吃，海產店都這麼煮。」他皺眉嘆氣，「只知道吃，羅露啦，沒聽過這種[illegible]香嗎。」靈光一閃，原來是羅勒啊，「對啊，羅勒就是七層塔。」

要證明七層塔為客家人所有，可以聽一段幼兒啟蒙口訣，「一千擔、兩公婆、三輪車、四月八、五月節、陸（綠）豆湯、七緣塔、八仙綵、九（韭）菜花、十姐妹。」甚至可以從客語有多種發音的七層塔來看，像是七層插、七緣塔，或是最接近海陸腔的七牽插。

七層塔菝香葷素皆宜，幾乎所有的料理都可以用。

客家粽

煏配頭走四方戰南北

我弟要出國前開玩笑說，如果在國外活不下去，就去做「配頭」料理包；這真是個好主意，問題是做得出來嗎，道不道地其次，沒有台灣黑豬的炒料，怎麼做出記憶裡的味道。

多少年來，每到端午台灣人就愛戰南北粽，南粽用煮北粽蒸，而客家粽被笑是吃油飯，我想是沒吃過好吃的粽子，缺乏體驗少了

視野，心胸不夠寬廣，才會如此狂妄自大。

戰南北粽誠然是個向上提升的社會議題，表示兩千年後的鄉土教育有成功，對自我所來之處有清楚的意識，才會介意地方料理道不道地，是不是正宗；味道就是記憶，從味蕾凝聚族群意識是方便的法門。

客家米食，炒米粉、煮粄圓到包粽子，於我而言都是相同的味緒，這些食物都有一個基本款也是共同點——煏配頭（炒料），而有了這一味於客家人就有了歸屬感，這是客家米食的底蘊，炒料的香氣就是鄉愁。

客家主婦吆喝，「來煏配頭！」（biag poi teu）時，就是準備要大展身手；煏油是客家料理重要的手法，用油脂豐厚的三層肉（腹脅肉）慢慢煏（煎）出油來，再放入其他配料炒出香氣，這就是「煏配頭」，將美味的元素；油、鹽、酸、熱料理出來。

不能說其他族群沒有這樣的手法，是客家人在此落地生根兩三百年來，深刻認識風土條件成了家傳料理——關鍵的一味——就是客家炒料的精髓所在，並深植於每一個家族婦女的手路裡。

一直以來對形容客家人顛沛流離，吃得又油又鹹失笑，不知道是誰開始這麼形容客家族群，連客家人自己都以此博取同情，便是積惡成習，失去認同沒有自我意識。

客家粽不是用一塊爌肉、半顆蛋黃，一大片香菇，就能解決的料理，粗糙的手法向來不是客家女性的習慣，三層肉切得細緻才能煏出足夠的油，煸香蒜片、蝦米和香菇絲下去，就有了味覺層次，豆乾切丁，粄粽用蘿蔔絲、米粽的蘿蔔乾切碎，保持口感，鹽先下、醬油起鍋前淋上，阿婆喜歡味精年輕媳婦只加一點糖，不管是梅納反應還是焦糖化的香氣，瀰漫整個村子社區，路口就能聞到，至於要不要放泡了隔夜的魷魚乾，是各家主婦的心法，或許時令當前，加一些鮮筍丁，增益季節風味。

每位客家主婦都有自己的熇配頭，以熇豬油為基礎炒出鹽與香，並能在口腔中迸發口感與滿足感，有餘裕再菆香，煮粄圓丟進一大把韭菜或茼蒿，炒米粉時加一些香菜（芫荽），粄條加蔥花，所有的客家美味都是因為有了配頭才能理直氣壯有底氣，想像作客他鄉或寒夜肚飢，用它拌飯拌麵就能解決飢餓感，並安撫鄉愁。

花了不少時間了解炒配料對客家人的意義，不單指字義上相對應的詞句，配料用海陸發音是配頭（poi teu），有基礎的意思，以料理來看確實如此，客家米食，不獨是粽子、菜包（豬龍粄）、大粄圓的內餡、小粄圓的湯頭，到芋頭粄和炒米粉等等，最知名的是客家炒肉（客家小炒），就是展現煏配頭運用熱（火）的功力。

包客家粽的食材配料，算下來最少要十樣。

五月節

風時在粽葉裡

五月節，縛粽仔；米粽、粄粽和焿粽通通要。米粽被笑是用葉子包起來的油飯，粄粽則用月桃葉包的菜包，焿粽可能是東亞人最早的粽子版本；客家人不說包粽子而是縛粽，縛緪（tag hen）是要綁緊一點的意思，粽仔要縛兜緪緪才不會一蒸就散掉。

台灣人戰南北粽，始於南部的粽子用水煠，北部人的粽子多用蒸，客家人把米炒到半熟再包，被笑稱是油飯。水煮粽軟爛，蒸的粽子米粒分明，為此配料自是依地方傳統大不同，但是客家粽不需要戰配料自有獨特煏配頭，並且先分了米粽派還是粄粽派，以及吃不吃焿粽，甜或鹹各有擁護者，自己先大戰了一輪。

戰南北粽看似分裂實是凝聚台灣人族群認同

的進化過程，相較於米粽轟轟烈烈成為日常飲食的一部分，粄粽則是一種需要復興的手藝，透過再造為客家族群的認同。

有人問我粄是什麼，要用一生來回答的題目，叫我如何用一句話說完，最樸素的說法是客家米食的一種，必須把米磨成漿製成的米食，在台灣，用在來米製作的粄只需要磨成漿，使用糯米則繁複一點，需要變成粄粹；客家人的「打粄仔」是一個專有名詞。

粄脆是指將米泡過水後磨成漿再把多餘的水瀝乾，小時候看阿婆用石頭壓一個晚上，第二天再搓粄圓或做菜包，講究的還有一道工序，將粄脆分一半煮過成了粄嫲（粄母），兩樣重新混合亼粄仔（用手擠壓揉勻），手感有粄的韌勁與柔性之後，才能分成一顆一顆搓粄圓或包菜包，用糯米並以傳統工序做粄，才會有台灣人講究的臬（khiu，發音似Q）彈。

跟我媽戰粄粽，笑問粄粽是不是用葉子綁起來的菜包，只是作法稍有不同而已，客家婦女自慢的做粄手藝被拿來取笑，以為她會大聲反駁，沒想到我媽眼神不認同嘴巴卻很乾脆的說「著」（cog，音似錯）她說對，粄的做法差不多都一樣，但依季節、氣候和敬神的對象不同而稍有差異，因此，米粽的配頭（炒料）用菜脯乾，粄粽一定要用菜脯絲，菜脯是用蘿蔔曬成的乾物，客家人保存食材最常用的手法。

客語從古漢字，《廣韻．上聲．緩韻》指，「粄，屑米餅也。」把米磨碎後製餅看起來不難，宋人鄭樵做《通志》有一則故事，描述金朝（一一一五～一二三四）宗室的皇子，因母妃病弱日子難過，宮女「以五色粄飴之，不肯食，曰：『須待姨差。』」進一步闡述了粄需要搓揉過才好吃。

八百年前做的粄，以現代人的眼光看來是樸實了一點，尤其被認為是客家米食傳統的客家粄，工序要繁複得多了，從一年一度端午節戰南北粽的風時（流風），唯一無法戰的粄粽來看，先製粄再綁粽，經過長長的製作過程，再對比製作客家鹼粽的歷史，就會得出粄沒有你想得這麼容易，像是粄粽的粄要加一點糖，甜的粄鹹的配頭，吃起來鹹甜鹹甜，是台灣人最愛的口味。

用粄綁的粽子，感覺上比較好入口，或許也比較好消化；農曆五月時節已進入了潮濕悶熱的氣候，食物好克化，身體負擔沒那麼重。

都是糯米

管你南北客家味緒

南部阿嬤在跟一鍋滾水較勁，北部的姈婆滷蛋燴香菇細數炒料，客家阿婆的鹹粽被笑是油飯，而我們還真只在乎今年的糯飯有沒有燜透；每到五月五戰南北，比包葉，蒸煮，內餡，甚至沾醬，就是沒有人拿主角米來較量，是因為大家用的都是糯米，無需戰嗎？

我認為真正該拿出來戰的，是我們等待一年一次上場當主食的糯米，誰家的糯米香氣足，誰能煮得梟（Q）彈，哪個產區品質好受歡迎，哪個品種最適合拿來包粽子，長糯好呢還是圓糯最棒，兩種都要如何抓比例，這麼多的眉角學問這麼大，怎麼可以不來戰它一戰。

糯米至關緊要，每回大南埔文武宮包粽子，就是返鄉的日子，一年只此一次吃到正宗南庄米倉的糯米，南庄米是中港溪頭的水涵養出來的精華，數量少無法在

市場上爭排名，糯米更是少之又少，為了客家米食留存少少數量，只有識者知道。

台灣人吃的米飯以梗稻（蓬萊米）為主，秈稻除了宜蘭一年一作的台中秈十號做為日常食用，大部分的秈稻用來製米粉，糯稻是這兩種稻的變異種，也分梗糯（圓糯米）和秈糯（長糯米），以及不精碾，保留外皮的紫米或紅米。

米的組成澱粉主要是直鏈澱粉和支鏈澱粉，後者的特質是如小樹叢般互相交錯緊密相連的樹狀，支鏈澱粉比例多寡會影響米粒的黏性，糯米含量幾乎百分百，黏性高，結晶度低，外觀白濁不透明，米粒呈乳白色，相較有透明度的白米，很容易區分兩者，目前種植面積最廣的圓糯品種是「台梗糯3號」，長糯則是「台中秈糯2號」。

由於糯米在蒸煮過程中不易水解，呈現黏稠狀，雖不易為人體消化但容易有飽足感，這也是人們喜愛糯米的原因，糯氣能讓人感到美好滿足。

台灣知名的米食幾乎都是糯米，從知名點心米糕到餐廳經典八寶飯，圓糯做鹼粽、粢粑（麻糬），長糯有飯糰和珍珠丸子，而粽子則是長糯圓糯隨人喜好，以長糯米為多，兩者混合的也有，更細緻一點分，水煮的用圓糯黏性高，蒸煮的用長糯適性彈牙，粄粽一如菜包粄圓要先磨漿，大多用圓糯，鹼粽用鹼水煮糊化用圓糯較佳。

最能表現糯米質地的粽子，無非台南人驕傲的菜粽，客家鹹粽，各自有不同的表現方式；跟著台南文學家葉石濤吃到的就會是〈吃菜粽〉一文中，「一剝開竹皮，一股清香就撲鼻而來，而且那糯米和花生米蒸得黏軟恰到好處，有入口就化的感覺。」作家的菜粽吃的是記憶與情懷，府城菜粽自是沒那麼簡單，好吃的菜粽得是嘉南大圳灌溉後壁地區的圓糯米，雲林花生仍然搶手，各有祕訣的府城小吃攤，卻異口同聲強調用舊年的糯米，無需加花生粉或醬料。

不介意被笑稱油飯的客家鹹粽，浪漫台三線多半會先燜糯飯（mun`no+ fan+）把飯蒸熟，再將蒸熟的飯取出加一點油和醬油炒過再包，而燜糯飯確實就是油飯的做法，用油飯包配頭（配料），講究一點再加炆爌肉、香菇或栗子花生蛋黃等。

真客家人根本不會介意加了什麼好料，大家攀比的是今年的糯飯燜得好不好，有沒有成功，蒸起來會不會過硬或太軟糯失去口感，再試試配頭有沒有入味；燜糯飯成敗關乎一切。

台灣糯米知名產區在彰化鹿港以南的福興、秀水和鹽埔，以長糯米台灣秈糯2號知名，三個鄉鎮每年都會熱熱鬧鬧辦長糯米節，製作台灣各式米食來推廣，包粽子最為熱門不可或缺。

客家人還有粄粽，粄粽的糯米要磨漿再壓乾，常被笑是用粽葉包起來的菜包，雖然無法強力反駁，但粄粽強調的仍然是皮好不好吃，也就是糯米好不好，粽的粄皮相較於菜包皮厚多了，咬一口粄皮若下不了口，配頭炒得再香都吞不下去，真正沒意思，不像菜包的皮薄，第一口就能咬到內餡，配頭爽口就好吞嚥，粄皮的重要性不顯，而粄粽就是為了吃臬（Q）彈的粄皮，沒有好糯米就是不行。

被糯米主宰的粽子。

除魅

抹草與大風草

你記得做過最早的夢是哪一個？有沒有被嚇到過？一直重複做同一個夢嗎？我從小就喜歡看曆書裏面的解夢，夢到蛇要去拜伯公，夢到棺材要先分辨是在屋外還是屋內，然而這些周公夢的解析對我來說都沒用，因為很少夢到如此單純的敘事，我的夢有劇情有隱喻，雖然不完整，但往往可以拼拼湊湊說一個長長的故事。

最累的是夢到被追，不管是被阿兵哥追，還是被鬼追，有時候是夢到參加學校賽跑，跑個第四名醒來最是累，因為追不上前面的又怕被後面的趕上，通常會做這樣的夢是因為白天玩得太兇，阿婆說的像野鬼一樣，滿山遍野的跑，晚上鬼話連篇還被嚇醒；如果真能滿山遍野的跑跑到大山上，回家不會被修理，不被強迫洗抹草水，

多好。

最不知所措的夢是一直往下墜落，一直往下掉的感覺無所適從，直到跌落地面心臟啵的一聲，從胸腔感到空空的變成四肢無力，躺在那裏好像世界仍然一片渾沌，置身無始以來的虛空中，這時腦袋會很想理解一些什麼東西，但是無法思考，好像知道了一些什麼事情，卻是一片空白，無由來的悲哀。

最糗的是找不到廁所的夢，真是怎麼都找不到，而你真的就尿眠床了，這是更小的時候的清醒夢，奇怪的是醒來之後你還會得到安慰，因為阿婆說那是受到驚嚇，要洗抹草水，要去燉藥來補，我想，聽到要燉補，應該就能很長一段時間不會做這種夢了。

有一種夢你一直都在那裏，醒不來；或者你已經醒了但是還像在作夢。坐在廳堂門檻上望著天邊群巒疊翠，你知道門柱有你每年量身高的刻痕，不用低頭也知曉腳邊被你畫得亂七八糟找不到邏輯的線條的地板上，是你註記要去的不知名不知道什麼樣子的遠方，那時候目光短淺腦袋只容得下飛車黨、《尼羅河女兒》，還有偷偷聽來卻不懂的四郎與真平，阿公說圖畫書沒水準，不要去聽去看；但是我深信只要爬過眼前的山，就知道到底是有水準還是沒水準。

小時候只要說出其中一個夢，我媽就會馬上燒水放一個乾草綑進去煮開，強迫洗頭臉，嚴重的話要去請有特殊體質的尪姨來看看，後來才知道每個鄉下小孩都有一個《紅衣小女孩》的成長記憶。

郁永河率眾到台灣採硫磺，駐地守君為他準備製作丸散藥和解毒辟癘各種方子贈予並要他珍重再三，到了五月五日（農曆）他終於得到一批工具採硫，期間人員有所損傷，本來不相信「此地水土害人，染疾多殆，此時看到眾人複染危痢，水漿不入……病者環繞，但聞呻吟與寒噤聲，若唱和不輟，恨無越人術，安得遍藥之？」台灣先民祈求解毒除障袪昧之方，在此愈積愈多，傳說成了常民生活智慧。

其中，被明定標號客家之名的「客家抹草」和「客家大風草」確實是客家人常備的兩款藥草，去喪家或送葬後，進門前要先用它來洗臉洗手，小孩哭鬧不休，心頭壓抑鬱結，感到驚嚇不安，全都要用抹草水洗一遍。

至於大風草水，如果說抹草是野生隨意可得的風土植物，大風草就是刻意植栽的準備物資，並且集記憶、典故與傳承之用的產婦坐月子清洗水，為了傳宗接代必備的防月內風寒聖品，因此能成為六堆新興的文創商品。

當然是端午節傳說中的防五毒藥草中，過五月節的客家人用的是抹草、大風草和艾草，再增加些喜歡的氣味如香茅或菖蒲。

抹草（mad co`）亦即魚針草（*Anisomeles indica*），把毛巾浸在熱熱的抹草水中，再擰乾擦臉，除了一股清香氣息並能有清明感，讓眼睛非常舒服，這並非無稽心理作用之談，根據生化成分分析，抹草含有具有抗氧化物，有抗菌、抗發炎作用，甚至對於視力保護或修復，老年性視網膜黃斑部病變可能都有一定作用，研究人員因為傳說而回頭應證的論文。

大風草（tai+ fung`co`）即為六堆客庄推廣的艾納香（*Blumea balsamifera*），於客家人而言，是故事性很強的藥草——早期婦女做月子禁止每日洗漱，以免感染風寒，洗漱必定用大風草煮熱水並且不能兌冷水，以免生菌感染，比較明確的成分分析，含有豐富揮發油，廣泛用於皮膚傷口癒合和治療咽喉痛、腳氣病、濕疹、腰痛、皮炎、風濕病及皮膚病。

1

2

3

4

這兩款藥草，在客庄幾乎是常備品，平常即採集抹草，刻意種植大風草，曬乾，和香茅捆成一個拳頭大小，隨時備用。

1｜大風草。

2｜曬大風草。

3｜傳統市場裡可以買到的祛風藥草，通常會有抹草和大風草。

4｜煮抹草水。

保種寓言

豆仔和茄仔

頭份菜市場裡，從竹南來賣菜的婦人，河洛語和客語交雜雙聲帶，從氣候變遷到食安危機都能聊，最重要的是「吃健康」她這麼和盯著「本地菜·客家茄」的我諄諄教誨，驚訝於七十歲上下台灣女人駁雜的知識，更讚嘆她真會賣菜，會看人識人心，懂得行銷術；光看到以「客家茄」之名，不買都不行。

納悶這茄子什麼時候成了客家人的，心裡暗笑她做事做半套而已，我們客家人叫吊菜仔（diauˇ coiˇ er），雖然也會說茄子（kio-er），但那是在說「茄仔開黃花——反種」不尋常的情境裡才說的諺語；聽她高談闊論一路下來，等著聽到她用客語說吊菜仔或kio-er，等不到久違的說法，卻想起我那愛吃吊菜仔美白的阿婆，吊在屋

簷下乾熟的茄子說要「做種」（zoˇ zhung、）的保種心情。

阿婆屋簷下的種子各式各樣，看起來扁扁的是瓜果仁，難以辨認比螞蟻還細小的香料或菜子，可以做沙包玩的豆子最得人心，尤其是長豆仔（chong teu+ er）豇豆是彩色的蒐集起來最有成就感，數量多顏色又美，當然，拿豆仁來玩的小孩免不了被竹修仔。

穿過了好似無盡延伸的簷下長廊，福至心靈想通了如何幸運得有客家茄稱號，一切都是客家阿婆們愛操煩後代子孫生計，未雨綢繆的種種計較算盡之故，但她們如何細膩操作留種延續香火，應該也沒預料到自己的行為在廿一世紀叫做符合生物多樣性的保種行動，一如她們繁衍傳承後代的生命情調，順應歲月流轉傳遞延續命脈而已。

於是我們有了各種為了適應風土，為生存

創造的諺語記憶，在五月節吃長豆仔可以長長久久，吃吊菜仔不會被蚊蟲叮咬，吊諧音叼，被蚊蟲叼著（diau`do`）灼熱又痛感百分百，在濕氣污濁的氣候下著實難熬，五月是惡月，五月五日惡中之惡，前人想盡辦法消災解厄，在飲食上著手，最為討巧。

台灣人擁有被稱為地方品種的作物，都是在此落地生根百年以上被土地馴化的物種，茄子最知名現在仍受歡迎的是紫色長茄的麻糬茄和屏東長茄，就是在菜市場裡變成客家茄的這一款，事實上，世界上的茄子品種繁多，五顏六色從白到黑，綠、紫最常見，料理從日本的泉州水茄子的精緻料理到印度咖哩，台灣人當做家常菜水煮上桌沾醬油也行。

至於長豆遲至一九〇三年才引進台灣，因產量高而廣植，很快地成為主要食材，客家人為了處理它拿來曬乾保存，造就知名的大骨炆豆乾

湯。這兩種蔬菜，在台灣是宣告夏季來臨的清爽食物，沒有什麼副作用卻能增加維生素與蛋白質的好蔬菜。

人類在現代化的進程中，消滅了，也失去了太多的物種，讓食物來源愈來愈少，同質性高就容易陷入危險的境地，食物單一也會造成競爭掠奪，失去生物多樣性，讓生命變得更脆弱可欺，保種的意義，於今不但是保存族群特質與文化，更是延續人類生存之必要。

1

2

3

4

1 ｜豆子花。
2 ｜茄子花。
3 ｜茄仔與豆仔。
4 ｜燴茄子。

配頭

在日頭下閃閃發亮

要如何辨識客家元素，除了「自己人」的會心一笑之外，他者該如何認識你，是客家意識者的苦惱，經常被問客家味是什麼，也自問哪一種味緒代表客家味，有機會時該如何介紹客家菜，從食材和香料著手，抑或料理方式都是路徑，但獨具特色的、一望即知的，非得是應運風土而生的、處理食材及其使用方式最為傳神。

陽光曝曬所得的菜乾是台灣客家味最容易辨識的味緒，說是日光之味不為過，凡是日頭下沒有不可能；嚐過一口在冬日初開封的苦茶油便知那是金秋燦燦的傑作，在春寒料峭喝一鍋老菜脯雞湯消解喉嚨裡的那口痰，便是日光療癒的成效。

菜脯多半說的是長條狀的蘿蔔乾，或篩細絲

狀的蘿蔔絲，以及愈來愈難見的片狀蘿蔔錢；這一款煮鴨湯是經典菜、炒蒜苗豬肉片是鄉愁，客家人以曬蘿蔔乾做配頭的米食，舉世聞名的是客家粽。

在客家人苦於不知道如何解釋這獨有的客家味之時，河洛人在《台灣閩南語字典》中早就將之收為己有，配頭（phuè-thâu／phè-thâu）河洛語漳、泉均有音，為配料之意，是烹煮食物時所用的配菜。

客家人配頭發音（poiˇteu）與漢語中的「配頭」注音為「ㄆㄟˋㄊㄡˊ」，拼音為「pèi tou」相近，在《初刻拍案驚奇．卷二》中有：「我家有個表姪女新寡，且生得嬌媚，尚未有個配頭。」在此，配頭是結婚對象，用來解釋客家人的粄與炒料的關係也未嘗不可。

包粽子要先熻配頭，做有料的菜頭粄要先處理配頭，菜包（豬籠粄）的配頭可以是新鮮蘿蔔絲，也能是曬乾的蘿蔔絲，端看搶旬味還是經典回味，芋仔粄、鹹甜粄……所有你想得到的米食都要用家傳配頭來發功。家傳的味道指的是代代相傳的阿婆手路，配頭裡的食材不管是五樣還是八樣，每家都有一定不可少的那一樣，有些人家是香菇有些是蝦米，有這些堅持的人就是有家傳手路的名門子孫。

經典的配頭是以熇三層肉／豬油來炒配料，熇油體現了以豬肉為核心的飲食價值，豬肉是豐美富足的象徵，配料中的主料是蘿蔔乾、覆菜（卜菜）等菜乾，是副熱帶島嶼冬季的生命力，是風土條件盡在其中的體現。

《樂府・木蘭詩》中，描述遊牧民族從軍的詩句，「南市買轡頭，北市買長鞭」，花木蘭代父從軍的準備事項之一，出門買韁繩和口勒等轡頭，好控制駕馭馬匹，知道去哪買名門匠師的轡頭，就是一種手路；用客家飲食精神來看，獨門配頭是客家米食和各式粄的靈魂，掌握味道的精神。

使用配頭是傳統客家灶下經常上演的料理手法，平日即使不做粄也是餐桌上的餐盤之一，這種深入肌理的靈魂食物，從客家飲食店的招牌水晶餃來解讀最精準，判斷是不是客家水晶餃，以水晶餃的內餡有沒有用菜脯來判定。

客家飲食中經常掛在嘴上的配頭，我們引經據典才能說明白，了解其深奧之味。

這些元素是客家人最常用的配頭食材和香料，如何搭配或增減，看各人的家傳味。

第三章 盛夏光景

①目珠花花
②豆乾湯
③炆仙草
④夏日个粄
⑤記得㶶粽
⑥苦瓜封
⑦箭日晟眼
⑧玉蘭花
⑨仙草茶與桔醬

目珠花花

夕顏蔓衍成瓠杓

白花盛開的季節，百合在懸岩峭壁上叢聚，茉莉含苞蓓蕾點點，還在堅持的小白菊也有殘缺的美，唯有瓜藤蔓生匍匐棚架上的瓠仔花被無視，人們只期待著果熟可食可用，畢竟夕顏消逝瞬間凋萎。

日本人愛看

瓠仔花，《源氏物語》有〈夕顏〉（ゆうがお）一章，「通風的木板圍牆上爬滿了輕輕的蔓草，幾朵白色的花得意自在的開著。」得意的小白花名喚夕顏，也就是夏日眾多瓜果蔬菜中的瓠仔，花開在傍晚，有一種夜降才甦醒的美。

文學家林文月翻譯的世界第一部寫實小說《源氏物語》，是日本第一位女作家紫式部在一千多年前寫的平安時代皇朝風華，如光閃現的貴族子弟光源氏追逐各種美的事物，夕顏是花名也是籬內主人的姿態，在低矮破舊的房子裡，卻毫不介意地自在活著，在落日光線昏黃朦朧之時，再如何顏色明亮也暈然看不清，好似目珠花花看過去的光景。

又一首是《詩經》的〈碩人〉描寫美人，「手如柔荑，膚如凝脂，領如蝤蠐，齒如瓠犀。巧笑倩兮，美目盼兮。」瓠犀是瓜熟落地後剖開看見的瓜子（種子），瓠仔和狗是人類早在一萬年前就馴育的物種與之相依甚深，現代人卻不若古人詩情畫意有餘裕來歌詠，只剩下實際應用。

夏日光景，菜園裡的每一座瓜棚架都是映照落日餘暉最佳寫照，黃花已歇，白花正開，暗晡時節就該有瑩玉來照路；客家人說眼睛叫目珠，點出一個人的面貌精神所在，是讓人歡喜的五官稱呼，眼睛最能呈現人的精神氣運，少年愛慕自然瑩瑩光輝，待到目珠花啦嗶啵就要裝可愛才好。

客家人務實又擅長可愛，沒有特別替瓠仔花命名，打趣錯辨事物也只說了句，「目珠花花，瓠仔看做菜瓜」在光線隱約閃爍的瓜棚下確實有可能無法明辨事物本位，小時候被阿婆叫來穿針引線，能順道聽了這一句俏皮話，有年紀後才明白服老就能裝可愛。

最喜歡可愛討巧愛說笑的客家婦女，事實上她們最擅長的仍然是養個「瓠仔無端端」（puer mo fe、-fe、）的端方圓熟的後生，客家人愛平衡兩端，經常要喬位置以免歪斜叫竵竵，亦如世上沒有哪顆瓠瓜會長得歪歪斜斜不讓人用，是人們拿來做勺嫲（shog`ma，水瓢）的好選擇，因此說是瓠杓（pu shog`）圓熟平衡好舀水不會漏，絕不會做「食瓠仔，無留籽」不知瞻前顧後、無留後路之舉。

瓠瓜在學術上稱作扁蒲，還有幾個稱呼，有蒲瓜、蒲仔、瓠子、匏仔、葫蘆、夜開花，栽培恁久的作物，有謂「食以瓠，用以瓢，藥引以葫蘆」上升到「匏刻」的藝術層面，面面觀之都有用。

瓠瓜新鮮好料理，瓠乾是日光見證時間之詩的留存，瓠仔食毋忒（吃不完）成了瓠杓，或許是早在現代人的祖先從衣索比亞大草原出發時，就帶著它舀水喝，才進化到沒有瓠仔就無能行走江湖，郎中帶著葫蘆賣藥，至於賣什麼藥不重要。

1

2

3

4

人類帶著瓠杓走了很長的一段路，獨獨遺忘了星空下夕顏匍匐容易摧殘，瓠仔藤蔓蕪雜亂攀生，唯有做家（zoˋgaˊ）節省會運用物資的人懂得如何料理端上桌，再不濟都是盤飾美麗花一蕊。

1｜日本四花之一的夕顏就是瓠仔花。

2｜刻意留下來當作勺嫲（shogˋma）的老熟瓠瓜，稱作瓠杓（pu shogˋ）。

3、4｜瓠瓜料理兩道，煎瓠瓜肉餅和涼拌瓠瓜。

豆乾湯

喝一碗陽光煲的湯

夏日像貓倏忽一躍即過，有一種光比瞬間更快又更長，那是梅雨過後颱風之前，一個正午就把菜乾收成的日光。

六月一到就開始嫌陽光太長的人一定沒曬過豆乾，一早起來，我媽的廚房就處於緊急狀態好像在打仗。看她煮水煠豆；水一開把長豆丟進去，再滾起鍋，迅速

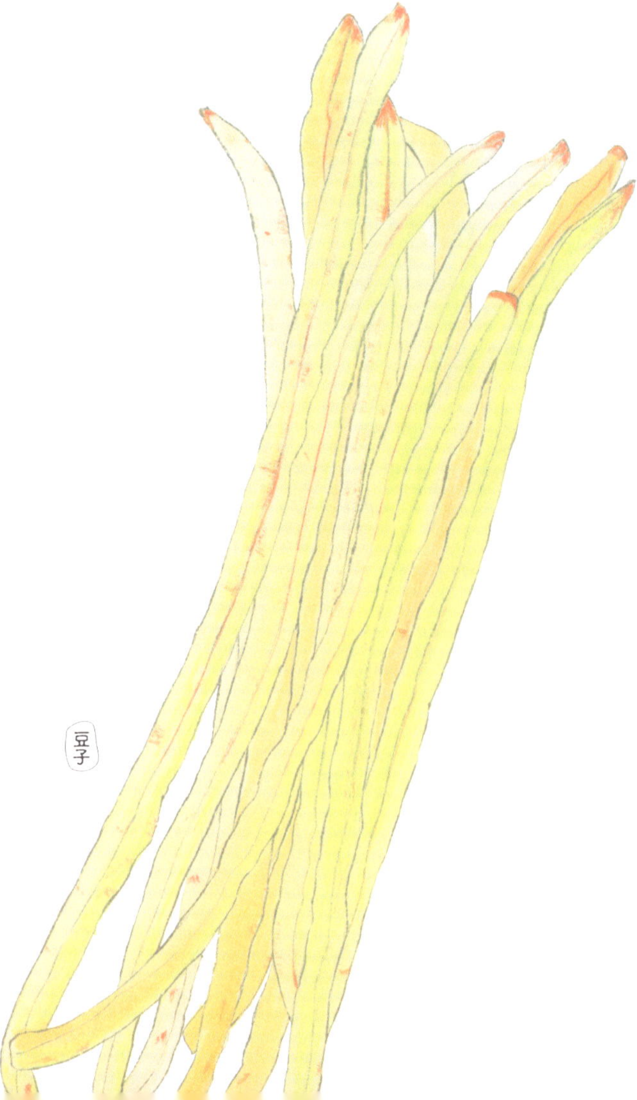
豆子

撒鹽，端起來用跑的到太陽照得到的地方攤開，一條一條排整齊。吃完中餐午覺睡醒，已成了豆乾的長豆，從綠到黑不過半天，在碗裡的味緒卻是亙古恆長，豆乾的豆氣是陽光的烈味，客家人有臭日烈的說法，要放一放才好吃，有人愛日光照射萬年願意等待一年又一年。

用大骨煲（boˋ）豆乾，直到骨肉分離豆乾靡爛，只剩湯來喚醒記憶，豆乾湯的味道是夏日陽光最濃烈的氣味，曝曬幾個小時就能久煮不散，無論幾個年頭。

曬豆乾用的長豆又說菜豆，缺光的人拿來醃製做酸豆也稱豇豆。客家端午諺語，「食長豆仔做得食到百二歲」，豆類蔬菜中就屬它最長，厲害的可以超過五十公分。台灣有歷史紀錄就有記載為本地人的食物，卻只有客家飲食以豆乾湯聞名，成為客家人的私房菜，客庄餐飲的地方料理。

豆乾不像鹹菜乾、蘿蔔乾隨時可用在各式料理中，一般家庭也不會經常食用，料理的方法似乎只有煮湯，作法也簡單，豬骨頭和豆乾兩樣，講究一點的以兩款不同年份的豆乾混煮，比例是各家主婦的心法，通常年份愈久數量愈少，要省著用，最具發酵的陳厚感，帶一點酸的口醞可以把陳年往事掀起，來一場心靈風暴。

至於應時的豆仔糜（粥）用剛採下的長豆吃新鮮就夠了，最知名的客家稀飯是夏日早餐的長豆豬肉粥，在六堆臨海客庄吃過用大骨蛤蠣炆長豆粥，是盛夏時節勞力太過胃口不佳，傷脾勞神用來增加胃口的好煮食。

我媽對每年都要製作的漬物、醬菜或保存的乾貨一向很大方，有固定贈送的名單，唯有豆乾會藏好，只送給她的小姑我的姑姑們，甚至出手時會感到心痛。十斤豆子做一斤豆乾或許不是關鍵因素，在於每每收成不如預期，一壟長豆開花時節看來熱鬧美麗，一個春雨太多梅雨過甚或者反過來的無雨乾旱，就只能每天搜集幾根數條放冰箱，直到能不浪費一鍋水才煠來曬。家庭菜園缺少材料的時節也反應市場上的匱乏，是為兇年，氣候變遷劇烈的年代，哪一年不是欠歲荒年。

就算豐年，瞬間變換的陽光或一陣風時水（fung´shi shui`），依然曬不出好氣味，沒有濃烈暑氣的味緒就失了風味，豆乾湯就是需要一鍋熬半天把去夏日光熬出來的湯，很少客家菜餐廳端得出豆乾湯，若有也是熟客的私房菜，年復一年，至今都成了家庭中一年只能吃一兩次的味緒。

1

2

3

1 | 曬豆乾。

2 | 至少兩年的豆乾才會有的色澤。

3 | 豆乾排骨湯

炆仙草

夏日涼茶真功夫

我輩暑期都是回老家躲太陽，大家族的廚房灶火不熄，餐桌上水果點心涼茶一直放著，好似流水席一樣接一樣，茶桶裡恆常有仙草茶，燒仙草就得看阿婆的心情，後來我們最常討論的問題是，阿婆的燒仙草是怎麼做出來的呢，從大鑊頭舀到碗裡，慢慢變涼看它凝結，或用湯匙舀起來再讓它流回碗裡，來回重覆，逐漸凝結，時間流逝，暑熱消逝，日子好似也沒那麼難耐。

我們努力想，是不是有加太白粉，還是別的什麼我們不知道的東西，明明我們都曾經看過灶頭上翻滾的熱浪，就是記不起來被大家漏掉的瞬間，到底是什麼讓仙草茶變成燒仙草，以至於成了仙草凍。阿婆離開近二十年，我們每年暑假都還在猜猜看，就是沒人動手實驗過，畢竟大費周

章讓人想到就氣餒，只有阿婆；「來炆仙草乾」的呼喚聲。

在食譜和研究論文裡查資料，大部分的研究都在仙草的營養價值和治療作用，只有執著於傳統古法的涼茶或仙草專賣店，透過店家不經意透露的江湖一點訣能找到蛛絲馬跡；客家人做客家鹼粽的鹼水，以稻草燒成灰過濾後的草木灰水，加在熬煮七八小時，提取出來的仙草汁液中，使之凝固，稱作仙草凍。

原來我們寧願年復一年的去揣測，是因為忘不了炆仙草乾的氣韻悠長，卻故意遺忘繁瑣多工的勞作，只有阿婆擔心會在盛夏裡中暑的孩子，願意為子孫操勞。

仙草凍是午後點心，仙草茶卻能喝一整天去暑熱，一整個夏天日日煮涼茶，不獨仙草一味，還要加一些狗貼耳（魚腥草），台灣各地都有賣涼茶的小攤子，每處都有自己的涼茶配方，這是生活在濕熱多瘴氣的台灣人的生活飲食智慧，藥草之於常民生活是對物候有深刻體認的在地人的療癒解方。

浪漫台三線依雪山山脈為憑藉，大漢溪到大安溪流域的淺山丘陵區，春夏多雨滋長草木，善於採集的先民紀錄藥草作用，兔兒菜、紫背草或咸豐草、車前草……全都說能清熱解毒，都是鄉居生活日常風景。

不管你的涼茶或稱青草茶的配方有哪幾樣，加了仙草就有了共同的味覺記憶，白露到中秋曬的仙草乾待來年用，年復一年累積盛夏清涼，留存傳統生活寫照，即使現今能在大街小巷的隨手杯飲料店裡喝到，夏天喝仙草奶凍冬天吃燒仙草，是飲料連鎖店的必備選項，然而有隨附一包炒花生的路邊攤，才是我們會特地繞路去排隊打卡店。

客庄餐廳發展特色風味菜，講究一點的奉

茶用仙草茶，湯品有一款仙草雞湯可以選，用仙草茶炆雞湯，先炆仙草再煲湯，兩次功夫於是有了深邃的韻味，仙草雞盅是客庄才有的選項，夏日客庄辦桌菜也用它來取代人蔘雞湯成了特色。

1

2

3

仙草不是客庄的特產，卻在關西獅潭有了不一樣的風景，秋末始，仙草花開，紫色花海堪比薰衣草田，兩者都有安頓人心的功能。

1｜仙草凍。
2｜仙草茶加烏糖最對味。
3｜吃燒仙草一定要加花生。
4｜關西仙草田的花海。（攝影／許瑛娟）

4

夏日个粄

在來米蒸香

「七碗粄，水粄仔。八摸挲，米篩目。」碗粄容易懂，摸挲（mo so）需想一下，辨認是否真用在來米做的手工製米篩目，直觀粄條是不是短短的、圓身和兩頭尖尖，那是粄脆摸挲穿過篩子的孔洞，一進入滾水裡凝固的瞬間成就了這形狀。

擁有摸摸挲挲慢吞吞的生活步調，是我們眷戀的夏日時光，農人就沒這麼好過了，島嶼後龍溪以北的一期稻作此時才收割，正是農忙時，小孩幫不上忙卻期待著，因幫忙送點心去田邊，順道蹭一頓好吃的粄。

熱天胃口不佳農作卻需要體力，只好做清爽的米食送到田間，有鹹的水粄仔和涼的米篩目配汽水黑松沙士與仙草茶，而往往不用去田裡的人

吃得更多，因為廚房還有鹼粄沾黑糖漿、烏糖水粄仔和九層粄等膩口甜食，留來安撫不能到處亂跑的老人小孩；一口氣統包這麼多樣客家米食，那是只要用在來米磨漿就能全部做起來，卻各有滋味个粄仔。

在來米是秈稻，客語秥米（zham`mi`）現今以日本時代育成的粳稻蓬萊米為主食，相較於台灣原來吃的秈米以日文漢字稱「在來米」（ざいらいまい）有既有的、原來的意思，常用的在來米有台中10號和台中197號，是米粉、粄條、米篩目、水粄、菜頭粄與鹼粄的主要食材，保留下傳統飲食也保住了傳統食材，保種之道莫此為甚。

夏天个水粄仔，甜鹹都有，各家自有習慣吃法，鹹粄的配頭是菜脯乾、豆乾與蝦蜚仔（小蝦米），以韭菜鼓香，夏天韭菜氣味十足是陽光的滋味，但甜粄的烏糖（黑糖）香氣與蒸到臮臮（ＱＱ）的口感也很好吃。

米篩目也說米苔目，是有飽足感的涼水，和糖水裝碗裡直接吃，連筷子都不用，送到田裡最適合，在家則加些韭菜肉絲煮湯或炒來當主食，也是一餐，客庄餐廳也會以此取代板條或讓客人任選，兩者皆備。

水粄仔和米篩目鹹甜各有所好，但夏天吃甜粄，最引人遐思的還是焿粄（gi），焿粄很像焿粽，用鹼軟化米漢語寫做鹼粄鹼粽，往往以黃梔染色，顏色漂亮又有透明感，焿粄鹼性味緒，一定要加烏糖薑汁吃甜才好，甚至就是為了吃烏糖薑汁才吃這一味。

在來米米粒較長比較硬、鬆鬆的沒有黏性，日治之後，台灣人習慣吃蓬萊米，新育種也以蓬萊米為主，只有做粄仍然用在來米，小時候常覺得奇怪，都是自家的田卻要分成東一塊西一塊，比較遠的山腳下保留一塊田種稻，又在相隔一段距離的另一邊也保留一塊地也種稻，中間還隔著樹叢菜園，後來才知道，那是種糯米和在來米的保留田，以免稻作交雜混淆變得不純。

農村生活跟著節氣遞嬗，等待一年一次的美食還有芋仔粄，夏日芋頭收穫時節，蜜芋仔冰和加了香蔥酥的芋粄正對時。

1

2

3

1 | 水粄仔鹹甜都有，鹹粄有焗配頭比較香。
2 | 米篩目加涼水，消暑解飢良方。
3 | 粢粄用單瓣黃梔花結的子，一般說黃梔仔來染色，非常漂亮。

記得粿粽

給你一點甜渡度好

農曆七月是鬼魂的月份，如霧如煙虛空中面目難辨，警醒的狗嚎貓哀鳴，突如一陣風拂面讓人知曉，你是誰，在哪裡；是老歌手傳唱的恆春曲，渡過黑水溝漂泊的勇者，是民變一觸即發年代的亂世亡魂，是被感召嘉行建寺蓋廟才能成就的義民，作為好兄弟被奉祀。

炎熱的午後在廟裡乘涼翻看善書，最驚心的是目連僧救母的警世寓言，幼時識字不多，把僧唸作曾，以為目連曾救母是勸人做個孝順的孩子，後來追溯故事流變，才知曉從印度傳布的佛教典故「盂蘭盆」（梵語Ullambana）是為解救亡故祖先在地獄受烈焰灼身倒懸刑苦，可作盂蘭盆供奉佛僧，來報答父母養育恩慧。

故事流轉到漢文化圈，台灣人習俗沿襲有

《台灣縣志・卷一》：「七月十五日，浮屠謂地官赦罪之日，各宮廟、社里斂金延僧拜懺，是夜搭檯演放燄口，俗所謂『普度』是也。」這就是七月鬼月的由來。

七月半是中元節，普渡除了三牲、米和日常所需，其中必備焿粽（giˊzungˋ）典故做法可參考周處《風土記》的，「以菰葉裹粘米，以粟棗灰汁煮令熟，節日啖。」灰汁是燒草木燼，取灰濾水成為鹼水使用，要能保存或買賣，就再煮乾製粉，工序繁複製作勞苦才能為職業，一般人買現成的使用，後來成為客家人在台灣生活的營生產業。

台灣以焿寮為名的地方，從新北瑞芳的焿子寮，新竹北埔焿寮坪山，到〈乾隆台灣輿圖〉中南梓仙溪畔的「燒羹寮」最富盛名，十八世紀的漢字無焿以羹的讀音取代，因此用油麵煮的湯麵為羹麵亦有店家寫成焿麵，油麵確有加鹼水和麵。

燒羹寮在現今高雄內門一帶，曾經是島嶼製焿中心，草木灰的原料因地制宜，因此更具風土性，稻作產區燒稻草，台三線大溪到嘉義梅山桂竹林連綿，桂竹鹼含量高萃取更精純，黃澄澄顏色佳美，煮到晶瑩剔透的焿粽，甚為討喜。

尊崇古法的粳粽是金黃的顏色，草木灰鹼水就是碳酸鉀，能
讓米粒糊化膨脹，更柔軟卻不會分散，用竹葉包的粳粽在滾
水中熬煮，得出一顆顆黃金粄，祭祀拜鬼神，放一碟白砂糖、
一小碗蜂蜜，虔誠禮敬讓好兄弟度過人間風景。

1｜用茶葉包的鹼粽，更顯精緻可愛。（照片提供／Rebeca Yu）。

2｜鹼粽是七月半普渡用的供品，也需要大量製作。

3｜日本人將手藝當工藝保存，即便是製草木灰也講究原料來源和典故，這是從日本帶回來的櫻花木燒成的粳和以此煮的粽子，接近琥珀般的顏色非常討喜。（照片提供／Rebeca Yu）

苦瓜封

人生本味苦澀甘美

客家諺語，「苦瓜恁苦連皮食，甘蔗恁甜愛呸渣。」道出要辨明事物的特質，而我阿婆還有一句，「苦瓜不平毋使刨皮，菜瓜平平要削皮。」這是客家婦女務實的一面，話說得直白不需要平仄押韻，教導晚輩下廚技巧之外，順道消遣吃五穀卻不懂煮食的女孩。

傳統主婦無所不能，大宴小酌家務全包，時間堆疊，不知不覺間造就了風土飲食，可知道粄仔或許只是某個下雨的午後，無聊尋事的母親用米磨漿加了點烏糖蒸來堵吵鬧的孩子，就有了客家米食之名。

客家封最知名是大小封肉，餘下柴薪繼續冬瓜、高麗菜、刺瓜到苦瓜等，各式時蔬都能封出大菜小菜家常菜，最迷人莫過苦瓜封出甘味餘韻

沒齒。

只要有人願意吃所有人都可以煮家常菜，能夠造就風土特色的唯有日日浸淫在生活之道，懂得接手上一代的生活智慧，一代傳一代運用地方條件累積生存的資本，在客庄很大一部分是出自於操持家務的主婦，阿婆晒鹹淡，有了菜乾做底蘊，煮菜不需試鹹淡，是日復一日的自信，絕不措手半鹹淡，事物藏在細節裏，鹽用對了地方，人生才有滋味。

暑期過去，田園景色大變，稻田收割又插秧，迅速得像用縮時攝影上一堂吃米知道米從哪裡來的課，廚房裡從黃瓜、瓠瓜、菜瓜、西瓜、香瓜到苦瓜，餐桌上一樣接一樣盡是瓜果，唯有苦瓜從初夏到季末，讓人很難換掉，雖有苦味但從不沾染其它，與什麼都能配。

苦瓜是大人的食物，因為有苦才甘美，有人是因為苦才選擇吃苦瓜，客家菜最自得的苦瓜封是覆菜肉餅塞進切成一環一環去籽的苦瓜圈裡，有時間就用大鍋燉煮，沒時間裝一盤進電鍋蒸，客家人把難消的苦味變成甘苦的滋味。

覆菜發酵的甘味和豬肉汁的氨基酸，讓苦味有了層次，用這道菜詮釋苦盡甘來再貼切不過，另一道是苦瓜鳳梨排骨或雞湯，一樣是發酵的豆醬漬鳳梨融合肉質鮮美，讓湯有底氣煲苦瓜，而苦瓜卻是君子，無論如何借味都不會讓其它食材沾染了苦。

事實上，苦瓜也非苦到頭，看你願不願意等待到葉落藤枯，菜棚上只剩轉紅熟透的果實，打開得見瓜囊鮮紅，紅色的種子一顆一顆好似發出晶瑩色澤的紅寶石，挖起來嚐嚐，好奇又驚喜，熟透的種子是這般甜美。

吃苦瓜讓人想問，為什麼要吃苦呢？甜味有幸福感，苦味往往讓人難以下嚥，現代優異的育種技術可以讓瓜果變甜，為什麼育種專家不把苦瓜變甜呢？就像玉米的祖先大芻草透過基因演化，讓種子愈變愈大愈受歡迎，苦瓜可以不苦嗎？

又回到想吃苦才去吃苦瓜的本質，苦也是一種味緒，更是一種必要，苦瓜的苦味來自於苦瓜素和苦瓜苷（charantin），一種葫蘆烷型三萜類化合物，能夠降低血糖，現代治療糖尿病的藥物以苦瓜來提煉製造，良藥苦口莫過於此，或者，戀上苦滋味是為了平衡糖衣毒藥，苦甜參半才是人生本味。

1

2

3

4

1｜封菜莫過於卜菜肉餅苦瓜封的甘苦滋味。

2｜豆醬涼拌苦瓜。

3｜苦瓜鳳梨排骨湯，要用台灣原生種山苦瓜才夠味。

4｜台灣原生種山苦瓜（*Momordica charantia* var. *abbreviata*），最初生長於低海拔山區，為原住民所用成為菜園蔬果。

箭日晟眼

高彩度熱天黃

夏至過後流溢光彩，棚架上黃燦燦的瓜果花一早就明媚張揚，若非看見雌花蒂頭連著冬瓜、苦瓜、菜瓜或番瓜，根本分不清這些一朵一朵葫蘆科植物的小黃花，分別是哪一種花。

黃色是彩度最高的顏色，五行理論中：「黃主土，黑主水，紅主火，白主金，青主木。土居於中，應於夏，長養化育，厚實適中。」大地色彩反映了四十五億年前，被小行星群撞斜了二十三度半的地球，有了四季變化並讓萬物隨時序轉化色彩。

菜瓜花

客家人對於夏日的陽光有一種說法，「晟眼」（cang ngan、），刺眼以致無法直視事物，瓜棚架上小黃花美麗如斯，讓人閃花了眼，最能反映夏日鄉村光景，更是台灣人熱天時節的維他命C和葉綠素的蔬果來源。晟是熾盛明亮，後來才明白客庄的眼科診所、醫院取名會有個晟字不無道理。

這是深植台灣人腦海中的景象，讓人睜不開眼的亮黃色在畫布上是烙印的DNA，日本時代台展三少年中的陳進（一九〇七～一九九八）即使到了晚年的作品〈繁華的中山北路〉（一九八六，36×44膠彩）仍留了三顆如夏日黃花的圓形水塔在畫布的右邊，已經改建過後的樓房，棟與棟之間保留的綠色樹影中有一抹光亮的黃，好似綠色的棚架上小黃花開得最盛時的一片密集。

除此，她有好幾幅台灣廟宇跟廟會，像是

〈北港媽祖廟〉和〈廟會〉，最奪目的就是人群中的明亮黃衫，好似繁華點綴最閃的那顆星，更別說她的信仰，以佛祖和釋迦為名的畫作中的一抹黃，讓人看見佛教中的光彩。

那是有一種黃叫印度黃，從特有的顏料中發展出來的神性色彩，釋迦摩尼最後坐羽安居之地毘舍離所在的城邦，是西藏人認為繪畫誕生的所在，一個集典故、地理人文與歷史而傳世的色彩因為這個故事而有了精神象徵。

西元前六世紀兩位王交換禮物，其中一位想到最高尚的禮品是畫一張佛陀像送給對方，被王找去幫佛陀畫像的畫師，遇到佛陀時只瞥見散發的光芒讓他眼睛睜都睜不開，佛陀答應讓他畫並建議去找一池純淨的水，祂站在水邊畫師按照水裡的倒影來畫，畫師畫出了水池中的佛陀倒影，這個禮物確實無與倫比，收到禮物的王看著佛陀肖像得到了前所未有的領悟，肉眼見到的世界反映了不可捉模的現實，而人們透過至高藝術感受到繪畫的力量，那也是一種實相。

對於生活在有北回歸線通過的島嶼人而言，客語還有一個形容詞是「箭日」（jien ngid`）陽光直射讓萬物變型扭曲，無法直視的最高色彩我們只好透過鏡頭裡的影像認清實相，箭日晟眼，直射的陽光刺眼，在夏日中最盛的黃色葫蘆花群，烙印腦海反映日光正盛。

1｜菜瓜花與菜瓜湯。
2｜苦瓜花。
3｜瓜棚。

玉蘭花

美男子的念想

不知道誰跟阿公告狀，他哥哥也就是一年才來一次的伯公偷採玉蘭花，阿公笑了笑：「本本佬斯文。」心想再如何也比不過你啊，花開的季節，一早用刀片切五六朵裝盤放神桌上，再放兩朵進恤子（xiad zii'）口袋裡，每次都要阿婆幫忙拿出來，怕衣服染了色。

玉蘭花不似桂花隨風送，遠遠的，方向對了，即使是坐著不動都能聞到一陣一陣傳送過來的飄渺香。玉蘭花要摘下來才聞得到郁郁濃濃，台灣阿婆通常夾在耳後聞香，只有孫子女賴在她身上時，才有一股氣息沖進腦浸在心，成就了代表阿婆的集體記憶，香水製造商尋找台灣味時，總是要調配玉蘭花調來代表台灣香氣。

氣息是阿婆的思念卻是阿公的，把這股思念

寫得最纏纏綿綿的莫過於台灣第一美男子呂赫若的〈玉蘭花〉，一個七歲男孩的夏日熱風貫穿了一百多年，讓現代人得知，一百年前的台灣小孩送別要如何表現長情——爬到三層樓高的玉蘭樹上，高喊正來尞（zhangˋ loi liau+）。

這篇呂赫若以日文創作的小說，有鍾肇政翻譯的華語版本，自然寫實的抒情風格可以判斷是作家的童年寫照，豐原潭子的田圳有水車礱穀間，以修整過的竹林為牆前面種有玉蘭樹，跟著阿婆到河邊祭拜燒紙錢驅鬼召回魂魄；遠從東京來作客的日本人仙貝（善兵衛的諧音）帶他去河邊釣魚發燒不退，只有漢醫的鄉間，只能祈求自然的力量，至今有些鄉間依然存在或消失的客庄風景，一百年後讀來仍然跟作者一般，「我彷彿接觸到未知的世界，心生莫名憧憬，歡樂的感覺油然而起。」在那個啟蒙的夏天影響一世人。

不幸的童年要花一輩子治療，幸福的童年

是永恆的資產；鄉居的幼年時光無疑是最美的夢境，就算記不住那個人的面龐，歡聲笑語迴盪，熱風吹送飄香鏤刻心底。

玉蘭花（*Michelia alba*）花被片通常沒有固定的數量，在形態上有多數雄蕊與雌蕊，跟大部分的花朵只有一個雌蕊不同，靠著多個雌蕊和香氣吸引昆蟲來授粉就能繁衍下去，跟鱷魚相似是一種稱做活化石的停滯演化的遠古物種，雖然停止進化保持原始型態，卻不是低等生物，也不是拙劣的亙古不變之舉，倒是比較像有底氣的神髓。

資料顯示玉蘭花在一六六一從中國傳入台灣，那一年鄭成功佔領鹿耳門正式統治台灣，飄送三百多年的氣息，至今仍是庭園植物，發展成園藝花材，以鮮花佐香成為台灣人的日常，入藥做玉蘭液，萃取精油或花露水提振精神，深入各處。

1｜玉蘭花苞。
2｜玉蘭是高大的喬木，葉片厚實，很適合乘涼。
3｜玉蘭花。

仙草茶與桔醬

餐桌上的儀式感之必要

在客庄，但凡有一點堅持的店家，開門做生意，早早就把水杯碗筷擺好，客人一進門，一壺仙草茶、桔醬一碟端出來，番豆、醃蘿蔔小菜兩三碟跟著上。不需要像滬菜、粵菜館，還得問要香片還是菊潽，即使是三四張桌的客家菜餐館，能拿出風土日常待客，就是彰顯自信最好的方式。

一如歐美國家在一九二〇年代開始的現代性地方菜復興運動，建立觀光地區的經典菜色推動在地旅遊，製造經典菜色隨之而來的就是具有族群色彩的傳統飲食儀式，台

灣人大約到一九七〇年代中才開始重視地方觀光行銷，各行政區努力在文獻、傳統與日常生活中尋找能代表自己的元素，呈現殷勤待客、禮數周到，傳達自身的美感價值。

要如何建立吃客家菜的儀式感讓觀光客有感，就像韓國人推廣韓式料理建立的飲宴程序，一上桌先擺出六小碟涼菜，客家餐館要怎麼做呢？

暑假從加拿大回台灣旅行的朋友到客庄聚餐，驚訝於茶壺裡黑黑的、有點甜的茶讓客人隨意喝不用錢，大熱天去暑氣的誠意莫過於一上桌先喝兩杯解渴的仙草茶，找不到比這更貼心的禮數，她從來不知道台灣的餐廳有這種待客之道，在產茶的峨眉不上茶葉茶，卻以這種涼茶款待，殊不知這是客家人熱天消暑氣的方式，每天熬一大壺仙草或仙草加狗貼耳（魚腥草）隨時飲用，客庄的餐廳小館援用，在無形中建立了一種餐飲風格。

進入飲食場所，在正式用餐之前的短暫瞬間，也就是餐前準備的空白時刻，是飲宴最美的一段時光，慣習流傳可遠溯上古時代的待客之道，是蒙昧混屯時代主客皆為陌生人而有的互相了解過程，沿襲下來，成了美麗流光，交談、理解、體諒，因而建立了文明的空間。

於台三線的客家人而言，遠推是久別重逢的激動時刻，近有聊天說話，難得喘息的片刻，再多說一點，是客家人傳統宴客的程序簡化。

朋友去客庄看收冬戲吃拜拜回來跟我說，「你們客家人真小氣，稻埕圓桌上放一大盤粢粑、一鍋炒米粉、一鍋湯圓，還有糖果飲料，一到就先填飽肚子，等到開席已經吃不下了，或許這樣就可以不用上太多道菜。」

這種誤會來自於早期社會交通不方便，有人一大早就得徒步出門作客，主人得為早到的客人準備點心，粢粑、炒米粉和湯圓，這些都是能夠讓客人隨意自取的食物，在片刻安頓好自己並交流。

至今，即使交通方便有自用車，有些長輩還是習慣一早就出門到親戚家打嘴鼓，小時候最討厭一早被叫醒準備出門去舅公家，十分鐘的車程，去到還不到十點，進門先洗手擦臉，桌上有炒米粉、湯圓、粢粑，對小孩來說，有瓜子、糖果和汽水就是歡樂，最重要的是茶盤上有熱茶奉客，茶壺裡一大桶仙草茶隨意飲用。

這是一九八〇年代之前的客家人待客之道，於今逐漸消失的不只是餐前準備已不再講究，甚至被省略，失去了藉由餐前小小的延宕，創造出自由的活動空間並展開美學享受的可能性。

更可惜的是，在藉由客家元素推銷客庄時，沒有藉機傳達客家飲宴美學，再多的桔醬披薩，披薩還是拿坡里的象徵，仙草凍配果醬，人們記憶的還是甜蜜果醬，倒不如用來建立客家飲食的儀式感，讓人來得印象深刻。

1

2

3

1｜最知名的搭配白斬雞搵桔醬。

2｜仙草雞湯。

3｜放桌上隨人取用的仙草茶。

第四章 夏的火燒雲

臨暗

火燒雲與鼻香

山城納涼有兩個階段，晚飯前用視覺，餐後是嗅覺，白天與黑夜交換的一剎那是幸福的魔幻時光。

落地長長的山脈西緣，選個背靠東面朝西，午後向陽，極目就能抵達海岸線的所在蓋間房子，可以在勞動一天之後，沖涼洗淨，坐在亭仔下看落日餘暉，假使落在山谷裡，就像通霄楓樹窩山谷間的稻農，無法海潮來襲，卻有金黃橘紅在雷陣雨後照映禾埕風景。

依山維生靠水滋潤的生活，午後三四點勞作漸歇，晚霞漸起的瞬間是歡愉的時刻，沒有人能比過龍瑛宗自傳性質的小說《夜流》的破題，這是台三線上永恆經典：「一九一〇年代初的一個黃昏，日本殖民地台灣北部一個寒酸的村落，晚

霞紅通通而華美。橘色的鱗雲映著夕暉明亮著，但因夕陽的轉移，不知何時變成茜色，一會兒又成為鼠灰色了。在村道的木麻黃上，土磚的矮瓦屋上，夕暮厚重地粘著。」

或許客家人只是為了氣象萬千的場景而駐足，在此落地生根，「只求枝葉代代湠。」

夜的顏色是暗影，綽綽約約難以捕捉，只好換氣味悠長來記憶，浸人心脾的夜露是花的眼淚，客家人愛在庭院種香花，夜合與含笑最濃男子漢不愛，樹蘭和七里香都是樹籬難以分辨，玉蘭高掛香氣從天而下，誰能夠等到曇花夜半，桂花入秋後方濃。

「食飽碼？」

「食飽了。」

石浪伯仔慢慢地在常坐的竹椅子上坐了下來。為了要打發窮鄉僻壤的村落長夜的無聊，石浪伯仔一吃完晚飯就一定以長竹煙管代替手杖，信步來到杜南遠家。

龍瑛宗家族落腳北埔，《夜流》為自傳性質的小說，主角杜南遠是一系列以杜南遠為名的首部作品，初以日文發表於一九七九年的日本雜誌，同年再以中文於《自立晚報》發表，開啟他戰後以中文寫作的高峰期，體質病弱的杜南遠自阿太（曾祖父）來台到自己這一代，每一代家族男性都有隨時遭受外力壓迫的死亡威脅，疾病、番人出草等，打開門看見兄弟子孫的首級放在門口，一百多年來直到二二八，原來流傳過的傷心低語都是真實的生存災難史。

都說台灣人只能往前追溯三代，到了第四代才能偷閒喘息，有閒情逸致蒔花弄草，愛香花是為了記住闃黑的夜，讓人生有所憑藉，家裡種蘭，愛蘭的人不畏懼山林草莽也要去找來，小時候庭園納涼故事集，多半是山裡出沒，盜伐林木和蘭花賊。

1

2

3

4

一次霞光燦爛的臨暗，一家子準備吃晚餐，遠遠的看見一人牽著一條跟孩童等身高的大狗往山裡去，小孩子好奇問，他們是要去哪裡？三叔笑笑回，牽狗去吃草，仍然相信大人說的一切都為真的小孩被取笑，太好騙了。

一如夜色欺人，只有鼻香烙印，久遠不散為真。

1｜台三線上仍可以看到落日下的伙房。

2｜龍瑛宗最知名的小說為《植有木瓜樹的小鎮》（遠景出版，1979），場景一般都說是他到南投糖廠任職時期的描摹。《龍瑛宗傳》（印刻出版，2015）是耗費二十年方以完成的作品。

3｜臨暗時的水稻田霞光萬丈。

4｜七里香是客庄常見的樹籬。

金色的梨

燦燦奪心魂

浪漫台三線上所在，吃梨不是什麼奢侈事，再不濟都有台灣糖梨仔的鳥梨能醃鹹酸甜幫助消化，粗梨是季節性常備水果，不甚稀奇，反而比較常聽到大家討論，今年有沒有吃到新品種的高接梨，或讚嘆比起去年果肉又更細緻了；買水梨吃是對做山的果農表達敬意，一年來有認真接穗紅（梨穗）的成果。

粗梨指的是橫山梨，十八世紀初新竹橫山陳姓茶商即將退休，香港商人以三棵梨樹贈與八十幾歲即將在世界貿易戰場上榮退的台灣友人，三棵不同時間熟果的梨樹傳到第三代，在他的孫子陳道河手中發揚光大，以在地糖梨仔嫁接成功，開啟橫山梨時代。最早台灣人只有橫山梨，在沒有水梨的年代，除了鮮食還做成罐頭，成為台灣

重要的國際貿易物資。

富商的玄孫陳英興已八十七歲，是位記憶奇佳的說書人能把典故記住，讓早已失去梨園的橫山梨成為客家人的記憶；比拳頭大一點，微方的圓恁是典雅，沒有看過這麼大小適中外型優美的果實，附著金色的、有一點一點的印紋，好似發出黃金般的光芒，陳道河將外來的梨樹嫁接於在地的梨樹上時，萬沒有想到的驚喜。

橫山梨園消失於戰後進口水果帶來的蟲害，從國際貿易中得來在世界貿易中消失，但有人不甘於此，一九七二年，台中東勢中科國小的老師張榕生為照顧父親提早從學校退休，自此投入果農生涯，以橫山梨為砧木，寄接梨山溫帶新世紀梨成就高接梨，一條從橫山到東勢台三線一〇四公里的路程，以客家人驚人的頭腦與體力，造就世界獨一無二的果樹嫁接技術。

嫁接技術困難，種高接梨得有非常毅力不

可，而且不止他一人，而是全台灣的梨農都要經歷七個困難的步驟，七個步驟中的第六個嫁接步驟也有七個步驟必須完成，才能得到如金果實；首先要從日本進口梨穗並將接穗枝條（穗紅）削好，再來削切砧木（通常是橫山梨），接下來才能綁膠帶和套袋並附一層紙、除袋、疏果、套袋，最後才有得採收。

副熱帶島嶼視水梨為珍品，那是來自北方溫帶地區的果物，台三線上的客家人卻把吃梨視為平常，並成了地方風物。童稚時，阿公的兒時玩伴是農技人員，每天經過家門口到山上管理梨園，秋風剛起，落日時分，祖孫就等著看他帶了多少梨下山，吃不完還可以釀酒，梨子酒是我最早的「天然白蘭地」，看海明威《流動的饗宴》才發現自己跟大文豪有同樣的味覺經驗，梨酒是一九二〇年代巴黎貴婦沙龍裡難得的珍釀，轉個時空，在各處都有禁止私釀的年代，是台三線上梨農的私房祕密佳釀。

秋風起讓人想吃梨，或許跟九降風是乾燥的風有關，乾咳，鼻子過敏，家裡會燉一碗川貝百合梨子湯，嫌不夠甜似的加點冰糖，就是最好的止咳良方。

難得的台灣原生種鳥梨花，客家人說仙楂，酸澀不好入口，經常醃漬食用或做糖葫蘆。

牛眼乾

好吃的甜魔法

「怎麼這麼好，這個好吃。」

「伙房人嫁妹仔，分大家吃。」

其實，吃著吃著到後來都會被竹修教訓，原來都是為了小孩子把牛眼乾都挖起來吃掉，剩下一大塊坑坑洞洞的甜糯飯，讓大人光火，好食都不留一點讓人更想食。客家人的牛眼乾就是龍眼乾，也說福圓，向來是大家都愛的甜蜜滋味。

「誰拉尿啊！」以前聽電台賣藥「小孩挫尿」都想笑，竟有人賣這樣的藥，這種症頭哪需要吃藥，甜糯飯吃一吃就好了，不過有時也會擔心被人知道喜歡吃甜糯飯，因為大嗓門的叔婆來串門子看見蒸甜糯飯就會這麼大叫，好像只有小孩拉尿才會做這一款吃食。

客家糯飯，鹹的油飯是小孩做滿月蒸來送

親友，甜糯飯就是八寶飯，簡易版只加一兩樣配料，像是蓮子和牛眼乾，上面撒滿芝麻，簡單反而可以慢慢咬出軟糯口感，最家常的作法就是糯米加點米酒攪拌與牛眼乾悶蒸，若要更強效，就再加糟嫲（紅糟），一種溫暖有熱性，可以迅速補充體力的食物，客家風土在天氣轉涼，需要保健時的補充飲食，氣候變化最容易影響尚在發育的小孩，體虛頻尿讓大人擔心，牛眼乾的滋補性質成了常備食材。

牛眼在荔枝之後，每年第一次採收通常是七月半普渡，全台各地都可以看到牛眼樹，客庄大部分在伯公廟旁，甚至有些地方，用來標誌田頭伯公的就是牛眼樹，但焙（poi+）龍眼不是客庄的勞作，客家人吃牛眼乾跟用海味一樣，是用船來品的概念，在料理上往往有畫龍點睛的作用。

客家文化中的質樸性最讓人溫暖，以前也想過為什麼龍眼（*Dimocarpus longan*，英文Longan）我們要說成牛眼，以英文拼字就能理解這是從漢語轉化而來，獨獨客家人愛說牛眼，不過想到第一次聽到牛核卵就是芒果時，大為驚嘆，實在佩服鄉親以形釋義的直接了當，生態自然產生的聯覺（Synesthesia）最是美妙，又想到客家人與牛的感情，就能會心一笑。

喜歡用牛眼的可不只客家人，後文藝復興時代的山牆上喜歡開圓形孔洞，叫做牛眼窗（Oeil-de-boeuf），是西洋建築中的裝飾性設計，較一般窗戶為小，圓或橢圓形，台灣最知名的牛眼就在總統府正門頂樓的山牆上，左右各一。

台灣詩人黃服五，斗六人，曾寫〈採龍眼者歌四首之三〉：「山家亦有秋收樂，一竈烘烘萬福圓。」描寫熏焙龍眼的豐收之樂。詩人有四首採龍眼歌刊載於《台灣日日新報》詳述龍眼成熟時期的農忙情景，島嶼中南部滿植龍眼樹，有些市鎮在路邊隨手一摘滿把，台南東山最知名，百年薰籠仍在，是牛眼乾的所來之處，而東山大客村也是客底。

1

2

3

1｜甜糯飯上的牛眼乾。

2｜牛眼乾可以買去殼去核加糖蜜漬過的，或是只烘乾要自己剝殼的，都有煙燻味，聞起來很舒服。

3｜百年牛眼樹太高大不易採摘，牛眼掉滿地，打到田頭伯公。

QQ韌韌

台灣人的Q到底是什麼

隨著珍珠奶茶紅遍全世界，世人也開始關心那個島上到處都看得到的「ＱＱ」招牌到底是什麼意思，《紐約時報》的記者就問，26個字母表裡的第17個字母對台灣人很重要嗎？為什麼到處都是呢？

確實很重要啊！買了一杯珍奶，大吸管用力一吸，舌頭、牙齒，甚至喉嚨頭（舌頭和喉嚨連結之處）瞬間感受到小球（ball）滾過去，牙齒咬一咬，咬不咬得爛不重要，重點在於它讓牙齒舌頭好像在跳彈簧床，多麼的舒壓啊。如果相反呢？用力一吸，一顆糯糯黏黏（ngiam ngiam）的小丸子黏在牙齒上，想吐出來都費力，萬一哽在喉嚨裡怎麼辦，那可是會致命的啊。

所以超市裡的粉圓包裝袋上絕對要印「Q

Q」，大街小巷手搖飲店的招牌上，一定要強調「QQ圓」、「TOP Q」、「雙Q」……給我QQ其餘免談。

這個上古考題，熟稔華語的文史工作者早就考證過，取自上古漢字「𥻆」——《說文・米部》：「𥻆，舂糗也。」舂糗就是熬米麥搗成粢粑。在台語或客語字中都能找得到，客語的𥻆（Khiu）意思是「形容食物咬勁有彈性，耐咀嚼。」在客委會的《嘉義市鹿寮里客家方言島的語言使用調查》中有紀錄可循。

解釋發音好似隔了一層膜甚難體會，或許再跟其他強調QQ的食物來比較更容易感受，像是台灣人叫德國軟糖為QQ軟糖，亦即小熊軟糖（gummy bear）就叫chewy candy，chewy是chew（咀嚼）變化而來的形容詞「有咀嚼感」的意思。或是形容煮得最恰當好吃的義大利麵叫al dente，義大利文的意思是麵條煮得有口感有嚼勁。但歐洲人喜歡的嚼勁對台灣人來說總是太有韌性了點，實在很費力。

至於熱愛珍奶的日本人，用他們的麻糬、年糕，亦即漢字餅（もち 羅馬拼音mo chi）的片假名モチモチする（mo chi mo chi ）來形容QQ的珍珠粉圓，也就是軟軟糯糯的像粢粑一般。但日本的人軟糯對台灣人來說又太軟爛了，鬆鬆綿綿（mian）的口感，可真是沒存在感呢。

回到台灣人最愛的口感來說，河洛人喜歡的𩚨嗲嗲（khiū-teh-the）的紅燒豬腳，𩚨的發音跟客語的𥻆近似，但客語中有一個形容詞更為客家人鍾愛——那是韌（ngiun+）經常問我爸媽或其他愛吃粢粑（麻粢）的鄉親，有這麼好吃嗎？他們都會說「韌韌的感覺」，柔軟又堅實，真是好難體會啊。

但我也想起我阿婆在吃冷掉或冰過的粄粽時會說，韌𩏶𩏶仔（ngiun+ gai gai e），這算是比較中性的形容詞，但在說封肉的皮不夠「酪酪」時，會說「特韌」恐怕是不甚滿意了。

韌於客家人有單字、複數或加語尾助詞使用，各「字」有不同的衡量標準，客語字典解釋「韌」：形容食物柔韌不易嚼爛。但客家人對這個形容詞卻是又愛又恨，或許是滋味無限難以形容吧。

「四海大平安」各有音韻，音韻表達了一切，像是海陸腔還有一個韌鋸鋸（ngiun+ giˇ giˇ），四縣、大埔和饒平都有「韌該該仔」的用法，大埔腔更多了兩種「韌擊擊」和「韌咭咭」，詔安腔是「韌界界」，有兩種說法的南四線「韌韡韡仔」和「韌鋸鋸仔」把尾音拖得長長的才叫餘韻不絕，這些形容詞在字典裡用的範例也是一絕，「佢炒个大腸韌鋸鋸噍毋綿，吞毋得落。（他炒的大腸堅韌嚼不爛，難以下嚥。）」嗑，從小到大吃過不少盤樹奶仔（shu+ nenˇ er）呢，跟橡皮筋一樣的薑絲炒大腸。

然而，鄉親們不就愛邊咀嚼邊打嘴鼓嗎，客語中還有幾個詞也可以互相應證，台灣人真任性的愛韌性，像是形容打不怕的頑皮小孩叫韌皮（ngiun+ pi），韌性（ngiun+ sinˇ）往往形容蒸得不錯的紅粄有彈性有Q勁，皮韌韌（pi ngiun+ ngiun+）是有時愛有時不愛的炆爌肉或白斬雞，真遇過就是愛白斬雞皮韌韌的鄉親，那是牙口特別好的舅公。

1

2

3

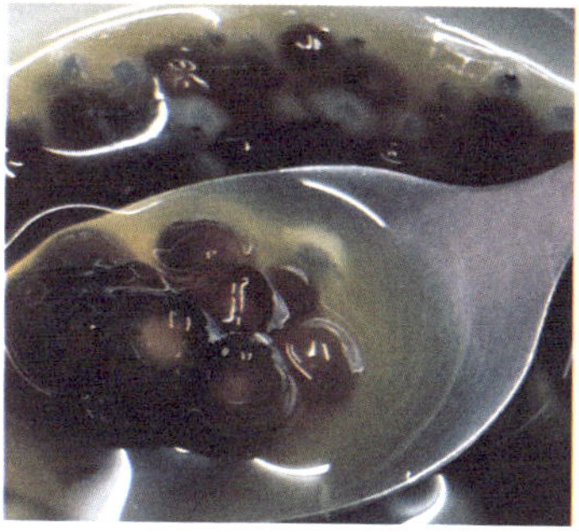

4

1｜樹薯與樹薯粉。

2｜東南亞新住民帶來樹薯粉的新甜食，加椰絲的純樹薯粉製作的粉條，比粉圓來得硬口。

3、4｜這顆 QQ 圓商機無限大。

經濟部在大流行前統計過，台灣人每年每人要喝掉44杯手搖飲，是五百億台幣的規模，擴及全球有三千億的商機，珍奶佔了42%。然而粉圓價格會受制於原料樹薯產量的影響，樹薯（*Manihot esculenta*）對台灣人不是主要澱粉、熱量來源，卻是非洲、東南亞國家的重要澱粉作物，當地人對樹薯製作料理也更豐富，甚至有一說，粉圓的原型就是西米露，或許愈來愈多的東南亞新住民，會讓台灣的樹薯澱粉運用更多元。

蹶片栗粉

難得客家膏膏食

一個潮濕悶熱的午後，天空灰灰的，雲層很低很低，我們等著下不來的雨，暑期最百無聊賴就是這種日子，沒有太陽看似不會曬傷的天氣，然而有悶雷遠遠的像是警告卻不行動，一群人在屋子裡被凝住動彈不得預示著，正需要一個帶頭的口號，小姑姑一聲令下：「來蹶片栗粉。」（loi kied`pien`lid`fun`）

我輩即使是純客家庭進入學校體制也能毫無障礙轉換華語，忘了最早會做的食物片栗粉，以為自己從來就說太白粉是用來凝粉仔（kien`fun`e，勾芡）。片栗粉摸起來有一種金屬的聲音，是一種看了就會產生透明感的粉，不像往後使用的太白粉平淡無奇，容易跟其他粉狀物搞混。在那種雖然沒有陽光卻更悶的溽熱裡，在容易中暑

的天氣中，用來作一碗解熱的食物，不需要加冰也不用涼水，而是一碗加了烏糖的熱熱片栗粉，讓你滿身大汗後感到舒爽。

第一碗大家通常都沒什麼耐心，水放太多或粉太少，稀稀地像鼻涕就趕著入口，一起哄笑說，食到流鼻水變鼻涕蟲。再來就要正式比賽了，看誰能蹶到膏膏（go go）把粉末與糖水融合到晶瑩剔透；很長一段時間不懂為什麼說蹶粉仔，攪拌的動作會跟蹶山（爬山）一樣嗎？學會煮菜後就通透了，確實要用力耙（爬）抑或有力道的一掘再一掘，才能讓粉末均勻。

片栗粉後來都說太白粉了，這種吃起來有一種風土感的古早零食就失去了趣味，於是乾脆買粉粿過癮，這款台灣人不可或缺的點心，有了它就有夏日的冰水冬天的燒仙草。粉粿的配方每家不同，一如太白粉有馬鈴薯粉或其他不知名的修飾性澱粉。

客家人說片栗粉大抵是從日語的漢字片栗（かたくり）而來，片栗（*Erythronium japonicum*）是早春在森林中遍開的紫色花朵，百合科的球莖可以萃取粉末做藥用或食用，是日本人尚未廣植馬鈴薯前製作太白粉的原料，有清涼解毒效用，市售講究食療的粉末調味飲料包，現今仍有片栗一項可選擇，像是「抹茶かたくり」。而台灣人最初則是用葛鬱金（*Maranta arundinacea*）做太白粉原料，客家人說是竹薯，也做清肺利尿食療用，更是日治中期至一九七〇年代重要的澱粉原料之一。

不管用哪一種植物來製作太白粉，客家人一向不很喜歡膏膏的食物，在料理上很少用到，不知道是不是像被說成鼻涕蟲的蛞蝓，抑或者備受歡迎的、現代小孩熱愛的果凍狀史萊姆（slime），亦即鬼口水玩具，看起來實在太噁心了。

1

2

3

1｜日本人早期製作太白粉的片栗（かたくり）。

2｜台灣人早期製作太白粉的葛鬱金。

3｜粉食。

黃梔色

各自美麗的美味

遍尋不著她在畫布上的蹤跡；或許不如玫瑰插瓶好看，李梅樹忽略了她；不如太陽、百合光芒耀眼，顏水龍不好拿來作註腳；陳澄波枝繁葉茂形狀妖嬈的樹形也不太適合用她；陳進的香花名額給了〈含笑〉，難道くちなし（無言し）真就是無言花；事實上，她最時時常相左右在人間。

前一兩年，手作圈的朋友搶種單瓣梔子花，我以為大家跟我一樣愛單瓣花，原來搶種單瓣梔子是為了摘取果實做染劑，粉粿、鹼仔粿和客家焿粄，有了她就有了美麗的亮黃色彩，有色才有味。

茜草科植物黃梔，看植物分類就知道是能染色的植物，我們愛吃粉粿、焿粄（gi`ban`）鹼仔

粿，抑或澤庵漬（たくあん），就是便當盒裡那片增色的黃蘿蔔，我們有理由相信是因為那種明亮的黃讓人念念不忘並因此著迷，才會去探究阿婆怎麼那麼聰明知道要這般使用。

客家人喜一音多字諧音梗，每到夏天阿婆指定要吃梔粄（gi`ban`）的時候，就欣喜軟軟黃黃的粄是阿婆的我的是香香甜甜的烏糖膏，那時以為梔粄跟焿粽（gi`zung`）一樣都是「鹼」的意思，「gi`」是梔更是焿，畢竟客家人燒焿作鹼名聲在外。

後來聽客籍政大英文系退休主任彭欽清教授講，「有一種大陸客人講个黃粄，就係台灣客話个梔粄，係用黃梔樹桍燒灰，濾出黃梔水浸米打个粄仔，愛冷冷食，熱天食起來透心涼，原在耕田个人，蒔田、挲草、割禾該下孩點心盡輒打來食。」原來梔也做枝。

梔是山梔子著色用，枝是樹枝燒成草木灰做焿水（鹼水），如此多重繁複的意涵，怎能不美。

客家米食中以米漿成形的粄，最知名是夏天的芋仔粄冬天的菜頭粄，以及日常飲食粄條，不需要像米篩目一般壓半乾才刷下鍋，更不用像粄圓、菜包要把米漿壓成粄粹才能亼（cib`）反覆搓揉；除此，就是夏日炎炎最受歡迎的焿粄和水粄，還有九層粄。

台灣人的鹼仔粿（kinn-á-kué），也是鹼仔水做粿，各家手路稍有不同，卻一致認同黃梔色，現代人以米粉加太白粉做鹼仔粿，因為工商社會發展出水磨粉方便使用。回頭想像使用米漿的年代，以山梔子的樹枝做鹼水，果實煮水當染劑，一舉數得其實更方便減省，做出來的顏色更加透亮明黃，多好看啊。

山梔子在台灣是原生種，中海拔闊葉林以下都能遇見，城市裡最醒目的一棵是台北市南海路上，建中對面、歷史博物館旁的那一棵，除了閩客拿來做染、窨花茶與粿和粄。

原住民對她也不陌生，布農族用三瓣貼額頭治頭痛，鄒族稱呼o'husu是花王，排灣族煮水去暑熱，這點倒是跟客家阿婆有像——她們在夏日吃梔粄，一是焿為鹼性去胃酸、胃熱，王禮修的《台灣縣志》中有，「山梔子：俗呼為黃枝。實有稜而長，子如黍米而扁；炒曰「炒梔子」，炒黑曰「黑梔子」。其性涼。本草云：「一名木丹，主五內邪氣胃熱。一名越桃，結子可染黃。」

梔子品種多樣，會結子的山梔子和水梔子為單瓣，也就是上面提到的多用途作物，文人雅士愛的複瓣梔子又稱玉樓春，《台灣通史・虞衡志》中載有「梔子，重瓣者為玉樓春，台南北種之春季，盛開採以薰茶子，可染色，台北謂之蟬薄。」

我還是好奇，日治時期開始認識自己，到處畫家鄉風土的西洋或膠彩畫家，怎麼獨漏了山梔子的身影，或許是梔子花單朵開在墨綠如掌的葉叢中，並不是很好表現，即使是現代花藝多半都拿來用作襯托奼紫嫣紅的綠葉，無形中被忽略了。

1

2

3

4

倒是作家沈花末歌頌自己的故鄉之作〈致雲林兩首詩〉中有追憶童年的：

一朵梔子藏在你家後壁園仔裡／有些慌張地／碰落了童年

或者流行歌后江蕙唱〈無言花〉中的「親像一蕊無言花／恬恬來開／恬恬水」符合山梔子的形象。

1、2｜上為單瓣山梔子，下為複瓣玉堂春。

3｜台北市南海路上，建中對面、歷史博物館旁的那一棵山梔子。

4｜粉粿用黃梔染色。

餳人

膽汁與蜂蜜組合个屋簷

他們倆的人生是一顆又一顆的雞膽和一季過一季的蜂窩輪番上陣的組合，那已經是一九七〇年代後中年的事了，局勢大致安穩，兄長隨著上一波島內移民把家產分了遠走他鄉，伙房支援未到萬不得已不開口，大小姐和小少爺以及他們的九個兒女，就在這種屋簷下過日子。

在還沒有推廣「兩個恰恰好」的政策之前，即使口服避孕藥已經發明了二十年後，島嶼的女人仍然要為自己生的八、九、十個並得以倖存孩子照料產婦嬰兒，幸運的話可以多達五十次，尋常二十次也跑不掉，客家阿婆的一生中，在四十歲之後，就在殺雞煮雞酒幫媳婦女兒坐月子的反覆歲月中成了阿婆、姐婆（外婆）。

殺雞有兩道關卡讓人必須強忍惻隱之心，第

一刀割脖子滴血，再來等滾水燙毛，接下來的拔毛可以是多人參與行動，孩子們還會被叫來勞動服務，同心協力的氛圍沒那麼滲人，好像就能自然而然接受了這樣的行為，而必須從頭至尾執行任務的阿婆，有個動作深入腦海揮之不去，在最後一個步驟掏內臟時，抓到一顆食指般大小的藍色丸子，清油沖水放茶杯裡再捏出來，站起來仰頭，一口吞下，之後誦唸佛號阿彌陀佛，跟割脖子時念的次數一樣多。

吞下一口膽，安撫一生以來幾次孕期無數次把膽汁嘔出來之苦，也把後輩的苦一起吞下，苦味清涼，歷來消火袪毒，讀《晉書》，「吉人向風而袪袂」，才懂阿婆仰頭吞苦的果斷俐落。

婦人勞役總在廚房後簷，無人知曉的瑣瑣碎碎雜事一堆，少爺心性才能「王孫清嘯而啟襟」般快意，她在裡面張羅，他在前簷捅蜂巢，刻意不清不理留下的蛹是養分能刮下甜蜜，領著孫輩

捅蜂窩也沒有想像中的容易，要先檢查大家有沒有戴帽子遮臉，長袖長褲穿好，長竹竿先拍拍外緣，淨空蜂群，兩三個人牽網或乾脆拿撈魚網等著，勇敢一點，戴著手套拿梯子爬上去摘，高門大廈的屋簷，其實沒那麼容易。

讓後代學會閒適遊樂是一門藝術，倥傯世事讓自己喘息也體貼他人，學會了，敞開胸懷人生快不快意不知道，逍遙於田野，徜徉於世有這麼一點意味。

錫人（sia ngin）个何止在灶下，錫音同糖，形容變軟的糖塊，用作名詞念「形」音，亦即麥芽糖。客庄孩子最早吃到的錫人多半是在戲棚下麥芽糖（mag`nga tong）亦即糖葫蘆，但最讓人期待的是三不五時騎腳踏車手搖竹筒，發出勾—勾—勾聲音的錫人車，用糯米粉做成的方形最中皮，裡面裝滿白色的麥芽糖花生粉，這要等到阿公獎勵的時候才能吃到，自己的零用錢只能買到一支卷在竹籤上的錫人，吃不乾淨的竹籤亂丟還會錫蟻公（ngie gung`），被螞蟻洩漏的祕密，很難藏住。

人生七十才開始，婚姻六十年才能金剛不毀鑽石婚，長長的人生要自得其樂，最簡單莫過於錫細人仔（se`ngin er），阿婆用美食阿公帶你玩樂，組合了膽汁與蜂蜜的人生，誘人的日子是甜蜜的生活夾雜著微微酸的蜜。

1｜客家人坐月子只能吃麻油雞叫做煮雞酒。

2｜樹上的蜂巢，這種土蜂巢沒有蜜。

3｜麥芽糖（mag`nga tong）亦即糖葫蘆，現在有用一整顆蘋果做成的麥芽糖，夠份量。

4｜生活是甜蜜的。

第五章 金秋

金秋

植有桂花樹的崎

沿著員林獅頭山道穿過田美橋就到了龍門口，再走一會有個桂竹林，不遠就是南庄，那是從老家大南埔出發去南庄逛桂花巷的路線。現今，到了水隴轉個九十度一二四乙線，沿著中港溪河堤，加里山脈遠遠相隨，早秋禾本科野草隨風招展，觸手可即。

秋光晃眼，讓人難以說清楚是白背芒、甜根子抑或狼尾草、象草，乾脆一律雜草稱呼，想來昭和天皇不以為然，他的侍衛長入江相政在《宮中侍從物語》記錄了這一段天皇語錄，「沒有雜草這種稱呼，不論什麼植物都有自己的名字，大家都是在自己最好最適合的地方好好生活。」

好好生活，萬物各有所歸，自所來之處，能夠歷數幾個春秋也要看本質，木本強過草本在世

間生存，進入人類經營的地界就看誰奪目，世人愛桂所以不論哪個殖民政權都捨不得殺伐，桂花從獅頭山上十大寺庵到山腳下桂花巷，端得歷盡風霜。

桂花（*Osmanthus fragrans*）學名有「*Fragrans*」，表示為芳香的、有甜美氣味的特質，花型雖細細卻是客家人說的「桂花無風十里香」。原生於喜馬拉雅山麓，或許比人類更早進入島嶼，清人黃叔璥在〈赤崁筆談〉中詳盡描述台灣人嫁娶儀式，納幣之禮女方回禮的植物中，要在石榴上掛「銀桂花數朵纏繞枝頭，名曰榴桂」。桂與貴同音字意吉祥，尤其桂字一出如鼻到香味。

桂普遍植栽於台灣各處，以桂花巷之名，最著名是蕭麗紅的《桂花巷》，我的桂花巷入口高掛長老教會扛棒，旁邊屋簷下賣桂花釀，桂花蜜是最有名的時代產物，伐木礦產早已殆盡，連南庄大戲院都成了飯館，深山腳下有家戲院，可見曾經流金歲月。

當代隨旅遊風潮，收起山林勞動以客家美食營生，取法山上出家人將寺門口的百年老桂釀蜜餽贈凡俗，山下人家用麥芽糖漬桂花成就桂花釀，是吃甜粄圓最好的搭配。

走踏老街從洗衫坑始，山壁前鑿一條水圳讓人清淨，樹影遮陽，山風吹拂，煞是涼爽，我們在這裡開始上崎，崎客語海陸音giaˋ是坡，山城人爬坡是日常，彎彎繞繞上上下下不難，難在一整條路都想停下來試吃，桂花釀、桂花蛋捲、桂花紅茶，就算不加桂花也是滿滿的客家米食讓人流連。

到南庄國小開始下崎也可以往回走，日式風情猶存，有冰淇淋、郵便局小物都可愛，向後轉再下崎就真有典故，乃木崎是一九八七（明治三十）年台灣總督乃木希典拋磚引玉集資建造的

階梯，搬來大屋坑張屋拆除的石板鋪路，每次小心一步踏一步，仔細看石板到底哪裡稀奇，只得石板路滑，間隙中努力存在的苔痕，小心滑倒。

1

2

3

4

上崎抬頭下崎低頭，都是天地光影，風吹過樹稍氣韻悠長。

1 ｜南庄老街的看板食物桂花蜜湯圓，帶一罐回家就可以自己做。

2 ｜老石屋（元光寺）上崎往靈骨塔，崎（giaˇ 有坡的意思），階梯。

3 ｜桂花開。

4 ｜乃木崎上新植桂花樹。

河壩

歌唱罷覓蜆仔

目珠不要看下去，看面前，看遠一息，一步一步踏實；實在做毋得，坐下去，坐嘛要坐過去。阿公語錄。

多年之後，才想起來阿公詩意的描述，以及怎麼沒有被竹修仔，或許這也是他的童年回憶，才能如此傳神，仔細的教我要如何過大河壩上的木板橋到彼岸。中港溪行過四灣已逐漸平緩，涉水過河或是在岸邊種植作物，甚至後來有人家在芒草叢裡牧羊，拓展謀生領域。仍然有水深需要搭橋的深水之處，那是我小時候被禁止去的地方，因時不時有誰家小孩淹死在水坑裡的傳聞，而且離家有點遠，不如門前水圳安全。

水邊生活埋在島嶼人的記憶深處，而河壩就明晃晃的鏤刻在客家人的心底，可以隨時拿出

來昭告天下，唱給人聽；能查得出歌名的客語歌裡，隨手就能找到六十首歌詞裡提到「河壩」的歌，直接以河壩之名為題的單曲也不下十首，從童謠〈河壩水〉到新生代大眾流行歌曲，最新一首是歌手彭柏邑用電子舞曲帶點流水般情境氛圍唱出阿婆洗衫的〈河壩〉藏在「厓个心肝肚」。

對河壩戀戀難忘據為己有的以出生三灣的米莎最知名，同樣是對「大橋阿婆」的懷想，以

〈介條河壩〉一曲成名，河邊洗衫烙印客家女性的身影，轉過身，從米莎到溫尹嫦的回歸，她以大開大闔讓人激昂的環境運動寫實敘事，控訴〈河壩〉把她的鄉愁「食忒」，吞蝕殆盡的有「今年个芒花摎舊年个油桐子 總下食忒／電子廠痾出來个科技屎 食忒」對節節退敗的鄉村風景，以帶有強烈議題性的話語控訴，讓失去了的世界跳脫出來。

溫尹嫦在幫河壩控訴之後，向內挖掘找到最初的模樣，而有了〈河壩四・桃花醒〉「桃花醒得時 春光／赤腳踏水行 霧茫／不問哪向風 雲揚／天地自佢闊 捱鄉」。河壩是母親之河，岔出縱橫交錯的支流，孕育萬物哺育人類，女人去河邊洗衣，男人去溪中抓蝦捕魚，小孩覓蜆仔搞水（玩水）。

終究是為了顧肚腹過日子，客家人的河鮮魚蝦蟹貝，成了知名的客家菜炸溪蝦，海線知名

小吃蚵嗲到了山城就變成烰蝦公，那是山澗下石頭裡的美味，已難再尋，石頭縫中還有一樣，識者為之嚮往追逐的毛蟹，住在大稻埕，秋風起，出門上班時，先繞到慈聖宮前只為了看一眼寫著「頭份毛蟹」或「毛蟹．永和山水庫」的字眼，感覺桶子裡來自中港溪流域的毛蟹跟自己很親近，其實一次都沒買過。

蝦蟹之外，在餐廳比較容易點到魚，炸得酥酥脆脆好下酒的大溪哥，傳說中的泥鰍燉豆腐則完全不敢領教，而我們都忘了古早以前，環境仍豐裕，我們的父祖如橫空出世的哲人等待一晚的河鰻，日本人趨之若鶩的烤鰻魚，在島嶼河海交會中的河壩泥灘裡，被捉住。

1

2

3

4

從日常水邊生活到河鮮豐食不復存在，唯有在颯颯風中搖曳的芒花，還在提醒我們，家離水邊那麼近。

1｜環境議題以行動劇直接在大河壩邊演出。
2｜小河壩就是人類生活的日常。
3｜帶著客家風情的旬味中港溪毛蟹。（攝影／陳光軒）。
4｜現今的野生大溪哥可能得到更上游才得見。

海味

與海的距離沒那麼遠

貓要鹹魚，伯公要魷魚乾；阿婆初一十五準備三牲拜伯公，其中一樣是魷魚乾，也是最為人覬覦的一樣，客家飲食少有燒烤之物，這味曾經是戲棚下的回憶，遙遠又深刻，海味的味緒有人嫌腥就有人愛得深。

直到看過河洛人煎魚拜拜，才知道原來土地公喜歡吃的是海鮮，追逐海鮮的人更勇猛，每個河口的現流仔都是內行人的兵家必爭之地，海釣船回程，人聲鼎沸的盛況，不輸戲棚下的引頸期待，地方差異造就的精細與豪邁，各有執著與耽溺之美。

離海較遠的客家人用海味，意指將新鮮魚貨變成乾貨，對於善曝曬菜乾的客家女性，處理魚乾也信手捻來，最為人熟知提味，也最常用的是

魷魚乾，拜拜用的牲醴以雞肉、豬肉與魷魚乾為主稱三牲，取豬肉跟魷魚乾加芹菜或蔥料理，就成了耳熟能詳的客家小炒，即是客家炒肉，各式變形隨人所愛，但一定不能缺海味的味緒。

山裡的人料理乾貨，講究細火慢煲或慢慢乾煸，不似海邊的人煮現流仔，要用大火快煮，煠過即起才鮮美不失原味，而大家在客家小炒裡翻找煸得乾乾油油有嚼勁的魷魚乾，因為加熱是煉金術，太陽的熱力是轉化劑，用細火慢煸出味，食材成就美食，海味保留了大海的深邃之味。

另一樣大家都愛的是客家油飯或粽子裡的蝦米，經常為不知者取笑，客家粽就是客家油飯，確實，若不講究，把油飯用粽葉包一包變成粽子也無不可，但油飯通常加麻油一起炒，是從滿月禮演變而來的傳統食物，而粽子通常不加麻油，而兩者都要增添海味加蝦米，才能得到繁複有層次的口韻。

蝦米、蝦皮是廚房常備佐料，炒瓠瓜或白菜加一點增添口感，還有常見的丁香魚，從小貓到小孩都愛，孩童自吃副食品開始，用蚵乾、小魚乾煮粥，人們相信小魚乾的鈣質能夠幫助骨骼發育，做菜也時時加魚乾，最知名當屬小魚乾莧菜。

客家人用海味遙想大海，好似跟海的距離很遙遠，事實並不如此，島嶼山高地形狹長，山與海的距離是順流而下的難度，大家聊風土喜好，經常問人喜歡海或是山來了解對方，我的答案通常是海，自覺住在山區的人都應該是這麼說的吧，大海是山城小孩歡樂的記憶。

這得從日本時代的臨海教育說起，學校在暑假期間，班導師帶著全班到海水浴場合宿，因應島嶼環境要練習泳技，大家一起學習共同生活，利用臨海教育培養各式生活技能與德性，成為完整的人。

內陸型國家的電影經常有主角最大的願望是到海邊，窮極一生追求的是到海的另一邊，這是每個台灣人祖先的冒險，而現代島嶼子民，早上發了一張三義鯉魚潭山水倒影，下午潑了一張通霄海水浴場落日，山與海不過一個小時的車程，山海相連如在眼前那麼近。

1

2

3

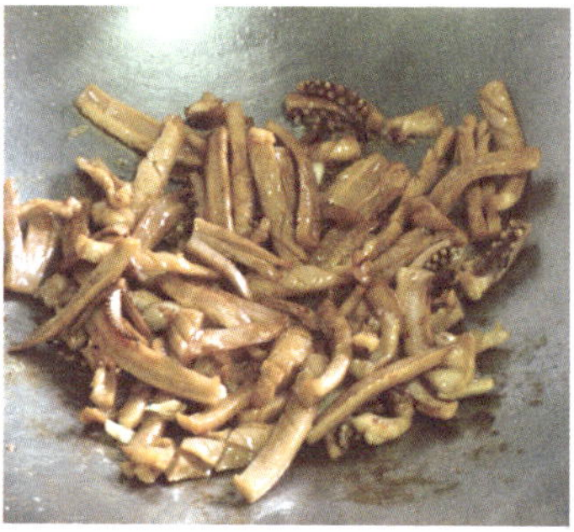

4

1｜台灣料理中最頂級的海味是翅參鮑肚，最有名的一道就是佛跳牆。

2｜花枝丸是大家都愛的海味丸子。

3｜家常菜也經常加海味，小魚乾配莧菜最合。

4｜乾煸魷魚乾，是客家小炒不可或缺的一味。

白露補四神

做得在芡葉上漫步

一年至此，做得（zoˋ de）食得還有什麼過不去，白露過後剩下三分之一年，早晚風起微涼，勤快的人開始休憩，怠惰的人補進度；偶感風寒、氣管不暢，得空整治食療，開胃健脾四神湯。

四神湯最是平易近人的食療方，淮山、茯苓、芡實、蓮子是藥材更是食材，其中，淮山是山藥的漢藥說法，茯苓糕用糯米粉混蓬萊米粉蒸，芡粉就是勾芡用法的由來，秋至荷葉已殘，蓮藕、蓮子正當時，客家人飯後食甜湯的習慣，從綠豆變成薏仁花生，講究的就四神湯了，所以說客家人吃甜的四神湯，是因為於客家料理中，有加冰糖的食譜多半有顧氣管止咳之效，像是豬網油拌麵線要佐以冰糖；然現今四神中的芡實卻

經常為薏仁取代，芡實與薏仁的功效實不盡相同。

芡實（*Euryale ferox*）是睡蓮科，與蓮近似同為多年生浮葉形草本植物，薏仁卻是禾本科，一在水中生，一在岸邊長，生態環境不同，醫療成效自是有別，前者補肝腎兼具祛濕，後者健脾利胃消水腫；然而島嶼雖是芡實原生地卻一度失去蹤跡，後者是薏苡的仔實，屬五穀雜糧大量植栽，方便取得，被用來取代種植採收都不容易的芡實。

兩千年初是台灣芡實從天而降的時期，消失了二十多年的作物，在新竹北埔農人郭光武的埤塘中現蹤，一片從未見過的「蓮葉」被視為老天給的禮物珍視並嘗試讓它存活延續，差不多的時間，八卦山文化協會理事長蔣敏全在花壇一處濕地發現了它，復育三年才成功繁殖成為景觀。

芡實在台灣的歷史紀錄中，有清末英國人亨利在高雄地區的採集紀錄，島嶼博物學大爆發的日治時期，日本植物學家自台北到雲嘉一帶也曾留下標本檔案，最知名的是當時總督府技師工藤佑舜和植物學家佐佐木舜一，在一九二九年（昭和四年）日月潭發電工程的調查過程中，曾記下芡是日月潭中最大型的浮葉植物，稱為「鬼蓮」。

要分辨芡與蓮，在於芡葉上佈滿了刺，其實它全身上下都是刺，密布於葉脈、花萼及葉柄上，葉片平浮於水面超過一尺以上，是台灣最大的浮葉原生植物，有「台灣王蓮」之稱。

芡在台灣復育成功並走紅，卻是因為生態保育成為人們重要價值，客庄美濃為了吸引有「葉行者」之稱的二級珍稀鳥類水雉到來，在野蓮田旁試種芡實、菱角、睡蓮等浮葉植物，成效彰顯，水雉選擇到芡葉上築巢生蛋，或許是因爲芡葉直徑可達二、三公尺，浮力與穩定性相對較高，受到水雉的青睞。

攝影／黃淑玫

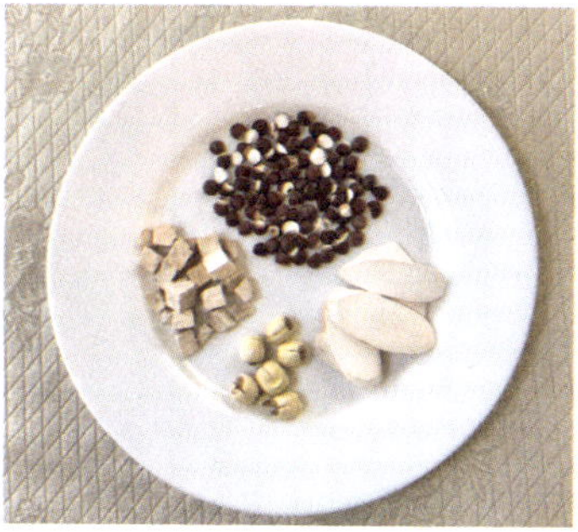
1

2

3

4

目前四神湯中的芡實，除了多半被薏仁取代，食材也以進口為主，而在生態保存與多樣性的觀點看來，植栽芡實誠屬可貴。

1｜漢方四神，依順時針方向最上紅色種子是芡實，白色切片淮山（山藥）、蓮子和茯苓。

2｜四神湯也可以因人而異有加減方，像較常見的薏仁（玻璃碗內），或多加土伏苓補筋骨、去風濕利關節（褐色片狀）。四神湯運用在食療上，加不同的食材有不一樣的功效之說，原始的版本是加豬肚，有治虛勞羸弱，對於脾虛濕盛者增進胃口的功效，外賣較常見的則是加小腸。

3｜客家人吃的甜四神湯以加豬腳聞名，豬腳先蒸熟軟爛把油逼出來，再放進湯裡煲。

4｜北埔郭家芡實園芡葉，看見佈滿的刺，客委會委託記錄保存，成為知名景點。（攝影／姜信淇，《數位典藏與數位學習聯合目錄》）

炸溪蝦

等待天光河清

一大盆蝦公，大大小小，有些螯很大，吃起來會刺舌頭，但誰在乎呢，炸得酥酥脆脆，吃得滿嘴油再大口灌汽水，就是過癮，也是久久一次的難得饗宴，歡樂之所在。

客家菜餐廳的菜單通常會有炸溪蝦，但並不是經常能供應，必得天時地利人和有好運道的日子；地利或許是最重要的元素，像是有長流水的溪流，抑或者能看到清澈河床，連石頭縫底都一覽無遺的河圳，即使是水溝，只要不亂排廢水無殘存農藥，對蝦公（ha gung）而言，也算是好的生存場域。

一九八〇年代讀小學，放學後蹦蹦跳跳走路沒正形一路玩著回家，果然就能摔到水溝裡去，那是我第一次知道什麼叫摸蛤仔兼洗褲，也第一

次清楚的看到水底生物游動的樣子，幸運地，竟然有幾隻蝦子，雖然是小小的、有點透明、看不太到鬍鬚讓人扼腕，但蝦公是這樣子的存在，原來有水就能有蝦公的意象，常存我心。

經常地，遇到河圳流水的坡坎就不自覺地停下尋尋覓覓，淺山丘陵地不缺一畦水一道滑坡小瀑，溪蝦游動的姿態用詩人邱一帆的〈孩擔上崁仔〉意外地與我觀察到的淺山流域裡的生物相似，「流流漂漂／毋知哪位定疊／跳上跌落／毋知哪位上崁」挑擔如背殼，蝦殼跟擔子都是負重，崎如逆流，蝦公在亂石層疊的溪底亦如爬坡而上。

無論是想要炸溪蝦抑或焢蝦公，都不是容易的食物，去吃客家電視與韓國料理大廚共同開設的廚房用餐，臨時加點一道炸溪蝦多兩百元，客籍演員服務生溫昇豪說，等了好幾天，今天天未亮趁著雨歇，趕緊到河邊守候，捉蝦公果然是等待時機的事。

客家人難得的美味焢菜，得要厚厚的麵糊，雖是吃炸物，但多半是在享受麵食酥脆的口感，但炸溪蝦不興用麵糊，薄薄一層蕃薯粉抓過便可。

炸溪蝦是把蝦子倒進乾燥的蕃薯粉裡攪拌，洗淨的蝦子無論如何都還是會出水，尤其是加了鹽巴搓揉過後更加會出水，會把蕃薯粉浸濕粘上去，看起來有一種透明感，一大盆到入熱油鍋，po-po-po-po-po的聲音非常療癒，我媽說，客家人焢菜的方式，要先小火再開大火，才能保持酥脆的口感。

炸溪蝦和焢蝦公最大的不同是蝦子炸好之後，還要熘配頭香料再一起拌炒過，頗有吃鹽酥雞的過癮勁頭，一道不是很難做卻無法經常吃的季節性料理；不難是因為不需要切切剁剁，無需整形，蝦公小到連殼都不必剁只能整隻吞下去，連清洗都只需要用水一直漂淨即可，只需等待。

從前，捕蝦人在夜晚將笱仔（hoer，捕河鮮的竹製籠子）放在溪流的石頭縫間，或溪岸樹根草叢裡，黎明前即到達，天光中取上岸。第一次聽到清早廚房裡蝦子摩擦的聲音，是一種濕濕黏黏幾乎只能用視覺感受來形容的輕聲，有這是怎麼變成食物的無法置信感。

1

2

3

4

後來才明白那種不容易是因為這些叫台灣米蝦、粗糙或貪食沼蝦的蝦公，像個溪流小精靈般，要在有純淨水質的溪流山澗中才能生存，如米的體型約在〇．八至二．五公分間，這些重要珍貴的台灣特有種淡水蝦，只能在乾淨水域，含氧量高的清澈溪流中才能生存，然而，目前河川溪流清澈何其難得。

1 ｜泉水（can shui´）要這麼清澈的水才能看到蝦公。
2 ｜炸溪蝦。
3 ｜台灣淺山丘陵同時也是河川溪流交錯密佈的地方，未受污染前，溪蝦原本到處可見，也是居民補充蛋白質的來源，客家飲食發展出炸溪蝦一物。
4 ｜蝦公笱，捕蝦的籠子。（攝影／朱文鐘，《數位典藏與數位學習聯合目錄》）

吃蝦

當我們一起吃鳳梨蝦球時

你家有幾個蝦紋盤？圓形還是橢圓形？藍色的青花還是胭脂紅？蝦形彎曲還伸展，彎曲的腰身如鎧甲、後仰的長鬚和伸展的的蝦螯，好似要從盤子裡一躍而起，如此靈活現身，得將滿盤清光才會彰顯。

或許我們對這隻蝦子的記憶比起餐盤上汆燙白蝦、童稚時期特別為你點的鳳梨蝦球更加銘記在心，關於蝦還有在宴席時顯示豪華的大龍蝦，親友烤肉聚會時蝦串往往比肉串更受歡迎，抑或客家人也難得的餐桌風景炸溪蝦，吃蝦子不是特別難得卻往往是味蕾驚艷與愉悅所在。

歡樂的記憶從公路旅行的路邊海產店到山產店都能點到一盤白灼蝦剝殼剝滿桌，引申出共同話題；你老公、男友或爸爸會幫忙剝蝦嗎，如此

蝦紋盤

驚險的測驗題。

台灣人從抓蝦到養殖，自古不缺蝦吃，四面環海溪流密佈交錯就有個得天獨厚的吃蝦天然環境，荷治時期總督紀錄《熱蘭遮城日記》中，幾乎每一艘運往廈門的船都會載幾籃子蝦乾蝦粉甚至鮮蝦，《台海使槎錄》中有將龍蝦、九節蝦，新鮮炙燒再入釜中煮的描述，看來台灣人自古就懂得吃蝦，九節蝦就是日本人最喜歡的車海老，到了日本時代《台灣料理之栞》裡紀錄的食譜，現在仍然經常吃到，清湯蝦仁、八寶蝦棗以及生炒蝦仁，客家人最應時也最喜歡在冬季宴客時端上荷蘭豆炒蝦仁，以旬味來傳達季節美感。

清領末期，台灣已經發展出以海產為主的豪華宴客菜單，並且因為人口快速增加，養殖捕撈都供不應求，海鮮成了貴重的餐盤，豐原仕紳張麗俊在《水竹居主人日記》中，一九二八年的一天，特別到清水台中港看高麗丸順道買蝦，「金斑蝦四尾六十兩，金三円三十錢，言二尾贈予，二尾寄贈賴萬」金斑蝦現今稱作明蝦（斑節蝦），目前仍是高檔食材，尤其是澎湖明蝦更為難得價高。

我們如何吃蝦，台灣料理有多少蝦子料理，怎麼就成了歡樂的泉源，理所當然認為是海島國家的必然，諸如休閒時光，走一趟觀光漁港或魚市場，是為了吃原始鮮味，而有了「蝦味鮮」之名，白灼一盤剛上岸的鮮蝦，簡單而美好莫過於如此。

關於大費周章的料理，先不說平埔阿婆古老又傳奇的先烤後蒸煮料理法，不就是資質平庸如我輩也能想像並復刻的帶殼鮮蝦湯嗎？我們後來先上，一九八〇年代至今，小自海產飲食店大到台菜粵菜湘菜各式餐廳都有的，甚至許多人都可以說，我從小吃到大的鳳梨蝦球，是怎麼做的呢？

一九八〇年代開始，據說自湘粵菜餐廳都有的橙汁墨魚改良而來，橙汁料理酸酸甜甜的口感，小孩大人都喜愛的味道，像是橙汁排骨、橙汁雞排到橙汁海鮮，而台灣風土應運而生的則將橙汁換成鳳梨罐頭裡的鳳梨片，一定要用鳳梨罐頭，如果不小心用了台灣之光金鑽鳳梨鮮果，可能還會被笑不正統，當然是一盤二十隻的大草蝦，才能不負「草蝦王國」盛名。

蝦子炸好，擠上一定要有的、稱為美乃滋的台灣沙拉醬，開罐鳳梨，再撒上為了討好小朋友的七彩糖果粒，就能盛盤上桌，經過半世紀仍然歷久不衰，歡樂滿點。

回頭說台灣輝煌一時的草蝦養殖業，如何稱霸世界征服日本的戰績，一九六〇年代人工培育蝦苗終於突破蝦苗育種難關，帶領台灣養殖漁業跨越一大步的草蝦苗成功生存下來，讓台灣人可以豪邁地吃蝦並賺取外匯；因為有了穩定供應並便宜的貨源，才能創造鳳梨蝦球傳說。

另外一道廣受歡迎的炸蝦則完美的詮釋了日治遺緒，天婦羅裡的炸明蝦，不只是吃日本料理時要點，宴席菜單上除了前菜裡的龍蝦沙拉盤，就是等著炸蝦收尾，流風所及，自助餐店裡或便當，都有天婦羅的炸蝦可以選。

台南醫生吳新榮生在漁獲繁盛之地，經常描述到紅蝦港買蝦，此地何處？清末，急水溪南岸有一小港口，可與澎湖通商，因港中生產紅蝦，故名，在現今台南學甲新芳里，而他待客之道定是，「午餐盡辦蝦魚鳥，以歡待新客。」蝦可是一定要有，才算是海島人豐美的待客之道。

1｜1950至60年代燒製的蝦紋盤。
2｜標準的鳳梨蝦球樣子。
3｜明蝦很受歡迎的一道菜。炸蝦天婦羅。
4｜揣測平埔阿婆先炙燒再入釜中煮的鮮蝦湯。

香蔥酥

客家油蔥酥

煏油、爆香，把紅蔥頭撈起來叫香蔥酥；煏油、爆香，全部撈起來叫油蔥酥；是這樣嗎？全台灣人都在用的炒菜手法，為什麼獨獨說是客家香蔥酥，抑或標榜客家人的油蔥酥，有何分別？

以客家之名增添印象有利把故事說得奇趣動人或許是原因之一，像是在新埔吃板條時，那一匙蔥酥的香氣久久不散，是獨有的客庄印記；又或是在頭份菜市場踏查，二百公尺內可以買到豬油、鴨油、鵝油，甚至標榜葵花子油的油蔥酥，少見的客庄風情；在苗栗市買知名的水晶餃或餛

飩，期待著一定會附贈的香蔥酥，沒附油包就不是客家人賣菜的方式，客家人把家常廚藝的習慣用法變成了商品特色，形成一種族群氣質特性，香蔥酥就成了「客家人的」。

都說客家大菜為「四炆四炒」，熟悉料理的人一定覺得奇怪，三餐都可以在廚房上演的料理方式，為什麼值得拿來顯擺，或許我們從客家人炒菜的手法——煏油、爆香的手段來看會比較清楚；像是四炒中鴨血炒韭菜的香料可以是薑絲和紅蔥頭，油加熱下香料叫爆香，每一次炒菜都要爆香實屬麻煩，將料理習慣變成生財工具，不是大多數餐飲業者的起始嗎，遊客眼中的客家菜於焉誕生。

客庄知名的餐飲業者，成立於一九三七年日治時期的苗栗市中央飯店，餐廳雖然停業，但仍然有外賣香酥鴨、肉包等各種招牌菜，最知名的是擺在店門口的一鍋鴨油香蔥，秤斤論兩賣，一兩二十元，其中招牌小炒肉包和桂筍肉包都加了鴨油香蔥而知名並獨樹一格。

事實上，用紅蔥頭爆香佐料最富盛名的地方在珠蔥最大產地台南，府城小吃無一不加肉臊，擔仔麵、肉圓、碗粿到米糕，上桌前全都要淋一匙肉臊，而台南肉臊獨特的地方就是加了爆香的紅蔥頭稱為「芡肉臊」。相較起來，客家人只在菜園裡種一些珠蔥來使用，菽香雖然也會用到紅蔥頭，實際上日常用蒜頭爆香比紅蔥頭爆香來得常見，卻獨得客家香蔥酥之名，或許是保有傳統上做菜料理手法和獨特使用方式，尤其客家餐飲業者發揮巧思而揚名。

很多客家人是讓別人稱讚客家油蔥酥非常香之後才知道自己有油蔥酥一物，畢竟熻油、爆香之爆香油（bauˋ hiongˊrhiu）實屬日常，也沒有特別的名稱，爆香油的香料有乾貨也有新鮮食材，而是客家餐飲業者巧思利用，才廣為人知，成為飲食上的客家元素。

1

2

3

1 ｜苗栗市中央飯店的鴨油香蔥。

2 ｜香酥鴨沾油蔥醬是客家料理的功夫菜。

3 ｜水晶餃附油蔥酥是標準配備。

九降風 起

九降風

吹染一片大地色

圓的鐵篩一排十來個，一个禾埕可以放三四排，大約齊腰高，厲害的人家可以架好幾層，讓拍照的人好取景，鐵篩上一圈一圈削好皮的石柿子，從飽含水分的亮橙，太陽照過後明黃，風吹過後，褐色出現轉為柔軟，一日一日，三日霜風可收藏。這是新埔曬柿餅的風景。

在風景之前，阿婆坐在三合院的橫屋裡削柿子，左手拿起來，右手使刮刨刀，三兩下，一個接一個流暢的轉換，宛如人工機器不用停下來。人終究不是機

器，坐太久也會站不起來，起來時雙手壓在膝關節上方，撐起來，這個動作讓阿婆的褲子在膝蓋前後的地方顏色特別深，怎麼洗都洗不乾淨，留下褐色斑痕，不只如此，手指甲也染上一層洗不掉的土色，有如漸層的指甲彩繪，雙手猶如Henna Tattoo（漢娜刺青）神祕難解的謎樣。

仔細觀察新埔旱坑村或北埔大林一帶的曬柿餅人家，牆壁上都有土褐色的手指印，阿婆說，拉門把手都是這種顏色，洗不掉，這個發現讓台灣染師陳景林創作出全球獨一無二的柿染，識者如韓國人，被如此高貴華麗的金褐色眩惑，特地來台取經，邀請陳景林講學傳授技巧，與濟州柿染交流，援以為用。

染過故宮《谿山行旅圖》的陳景林更愛織染台灣大地，在讚嘆曬柿餅的壯麗景象之餘，深刻的感受到被九降風吹得東倒西歪，散落一地的蒼茫風景，華麗炫目的視覺也遮不住霜風摧殘的乾涸大地，投入鑽研柿染創造地方色彩。

霜風是竹苗一帶客家人說的九降風，強勁而乾旱，風速每秒可達二十公尺，幾近於輕度颱風，一六九四年《台灣府志》風土志中紀錄的「九月則北風初烈，或至連月，俗稱為九降風」，霜降前後起風，自河床到岸邊捲起茫茫一片白色如雲卷花海，地上飛砂走石吹得人睜不開眼得奮力行走，風阻前行緩慢甚至往後倒，時時興起厭世荒涼感。

唯有橙黃果實帶來明亮，也是世居於此的求生之道，石柿是一種需要脫澀催熟才能吃的澀柿，用來曬柿餅最適合，乾燥無雨的日子連吹三天風都不用收起，就能完成年度盛事。

因九降風吹就的另一道視覺印記是曬米粉，新竹米粉最有名，客雅溪畔南勢米粉寮，以長排竹篩架構在河岸邊，直面與風對抗形成一道風景。確實，東北季風南下，火炎山以北、湖口台地以南，雪山山脈佇立東邊，竹苗西岸沖積平原形成喇叭狀風口，又稱「畚箕嘴」，風以氣旋方式衝進來，風勢受到約束形成的輻合效應而增強，尤其新竹與中國福建平潭最窄之處僅有一百五十公里，在峽道最窄處又更強，米粉強勢對抗。

1

2

3

4

新竹米粉不只是一地名產，而是被九降風襲過之地的風土文化，市區客雅溪畔往南，米粉從新竹香山曬到苗栗尖山，處處有各自的粉絲，新竹米粉也不止一樣，能夠細分成三種，水粉指粗米粉，炊份是細米粉，還有真正在地人現做現吃的濕粉，若說台中人的早餐是大麵羹，新竹人的早餐就是米粉湯。

1｜藍染藝術家陳景林的柿染華服。
2｜連夜也遮不住的曬柿餅風景。
3｜客家人秋天顧肺煲柿肝湯喝。
4｜九降風吹就的新竹米粉。

柿柿如意

然而無恁該食

凱道上排滿的橘色大抱枕讓人好想抱回家，胖胖圓圓的柿子造型罐好想要一個，圖個事事如意好事連連來，柿子的外型討喜，橘色溫暖，綠色蒂頭一點綴就亮了起來，不管是設計師還是一般人，有誰會不喜歡這個吉祥物。

這些都不是客家人熱愛的柿子，有人喜歡紅柿仔（fung ki+ er）軟甜滋味像冰淇淋又像粢粑，就是挑個軟柿子吸。嗜食者等著水柿仔脆又甜，我愛沙沙的口感咬起來咖-咖-咖的好脆；柿子自來就是喜慶的象徵，客家米食有一款粄叫假柿子，跟發粄一樣，都是蒸起來會裂紋開花，吉祥富貴好敬神，吃起來蓬鬆甜滋滋好歡喜。

假柿子用在來米磨漿壓乾變成粄脆（米漿團），再加上砂糖或烏糖、酵母或老麵，靜置發

酵後搓成一團一團，成功發酵的粄團，蒸起來裂紋如柿討喜，吃起來軟糯口齒生津如阿婆愛的紅柿子，所以叫假柿子。柿用海陸腔發音ki跟漢字的「喜」最為相像，四縣發cii像「吃」也很有意思，吃個柿子吃喜氣，無論如何都是好事一樁。

柿子分澀柿與甜柿，台灣本地種的傳統柿子多為澀柿，大家較為熟悉的澀柿有牛心柿、四周柿、石柿和筆柿，必須脫澀後才能上市販售，自家庭園種的柿子亦然，因此，傳承柿子脫澀技術成為主婦的手藝技能，流傳的故事、祕方成為傳頌一時的典故。因此，客語發展出柿嫲（敲碎發酵的柿子）浸柿仔成為脆口的水柿仔。

柿仔富含大量可溶性單寧（Tannin），澀味濃重也難以消化，脫澀是人類飲食發展出來的食材處理技術，方法是將果實隔絕空氣，把可溶性單寧變成不可溶性，果肉纖維軟化，熟成的果實才會釋放糖分散發香氣，並且不是所有的果實都有幸能在叢紅，照片裡，在秋風中晃蕩的紅柿子多為甜柿，即便是甜柿也要裝袋防蟲防小動物啃食，才得收穫。

浸柿仔於客家人，一直以來都有口耳相傳的純天然做法，只是工序繁複需要耐心，因此多為自家食用或小量生產，善於製作食材的客家阿姆，會將採下來的柿子放在桶子裡浸水，拿三四顆柿子敲碎後一起泡約一個星期，時間長但安全，熟巧的人能夠辨識需不需要換水或會不會泡過頭而腐爛。但做來買賣需要量產的做法，通常以電石／土燜熟，電石主要成份為炭化鈣，過程容易傷害眼睛或肺部等有礙健康，並且靠近電石的柿子會受傷變黑不討喜。

1

2

3

4

5

曾經三斤一百都嫌貴的的水柿仔，如今和精品的富有甜柿一般成了高價水果，一斤八十元在市場中都難以找到；追根究底不外老樹乏人照料成了果園裡裝飾性樹木，即使能收成也找不到會浸柿脫澀的手藝，想吃顆水柿子還得先問問誰會傳統手藝，說起來無恁該食（mo an` goi` shid`）之不容易啊，代誌毋是憨人想的遐爾簡單（台語發音）。

1｜阿婆愛的紅柿子，亦即軟柿子。
2｜水柿又稱浸柿。
3｜高價水果的甜柿。
4｜這幾年自日本引進的筆柿，愈來愈受歡迎。
5｜在風中晃蕩的柿子。

共下

當我們同在一起食柿

在九降風吹的地方辦戶外餐桌會是什麼景況，年底各大市集年終餐會熱鬧展開，習慣逛市集的親友約了新瓦屋聚餐，初聞要辦戶外餐桌，大家都很開心有個野餐機會，轉念之間，憶起遙遠的中學時代，此時正開學未久，還是穿裙子不冷不熱夏衣披外套，左肩書包右肩樂器，頭上的帽子顫顫巍巍，風吹來，不知道護帽子好還是壓住裙子先。

幸好，主辦人警覺忽如一陣風的災難現場會難以收拾，在室內喝著熱呼呼的柿餅雞湯，各式客家人聚會常吃的三層肉、鹹菜乾燉菜，剛上市的菜頭和芋仔打的粄，假日蔬果市集強調當季時蔬和旬味，室內蔬食餐盤和戶外五峰甜柿與香菇，風合日光影透過古蹟老樹斜灑流溢，「木漏

日」（komorebi）我們同在一起Happy Together。

客家人共下食一餐大致如此，老屋共風中樹影，共下（kiung+ ha+）取上古漢語，共是連接詞，秋水共長天一色。唐朝詩人章碣有「攜觴共下木蘭舟。」在船上飲酒抒懷自是愜意，現代人遊樂多姿態，所以共下的下無限延伸讓人更歡喜，客語中以下為語助詞的有連續性的「下下」（ha+ ha+）是童稚經常頂嘴質問父母，「做麼个下下就來罵人，」每一件事都要被管束，「做麼个下下就愛問。」渾然不知下下被關心有多麼幸福。

有人關懷被安慰，往往就有好食等著，九降風吹得時不時輕咳氣喘，阿姆早早買了柿餅柿乾，柿餅喝下午茶隨手一顆當零食，柿乾不就為了外面薄薄一層柿霜燉湯補身嗎。

有柿霜的柿餅四縣客家人說像朵花又謂柿花，客家菜多用來燉雞湯，做法是黃耆、紅棗與

柿乾熬一鍋湯，湯濾出後再放雞肉煮，滾沸後又再加柿餅煮沸增加甜味，如此才會得到一鍋白白一層柿霜的鮮甜滋潤好湯。

柿餅通常是指乾燥過程中還有百分之五十水分的果實，乾燥到只剩百分之三十之際，柿子中的葡萄糖會滲出看得到白白一層結晶粉，才能叫柿霜，秋天顧肺清痰湯品多，何以柿餅雞湯能標誌客家風味？

霜風吹的季節，日光如高緯度色溫白得刺人卻溫暖，老讓人想起〈北風與太陽〉的寓言，這種穿衣脫衣的獨特風土條件，讓人不知如何是好卻又是製作果乾的好時節，好的果乾確實需要三溫暖般的製程，浪漫台三線上的柿子產區，從東勢卓蘭公館一路北上到北埔新埔，各式甜柿、澀柿從山裡到丘陵錯落分布，到了新埔加工生產地橙黃柿海翻滾如波，獨具特色的季節風景造就風土飲食，柿子在風中垂掛與曬柿餅的田園風光，交織共下綽約美麗如斯。

1 | 有柿霜的柿乾與柿餅。
2 | 客家人特有煲湯柿餅雞湯。
3 | 傳統伙房。
4 | 氣溫下降，雖有風吹，戶外餐桌依然讓人心生嚮往。

雞酒

即將消逝的珍愛阿姆文化

進入冬月，神要收冬戲人要進補，進行生命禮俗要打新丁粄；在此之前，我們要愛護產婦。

有心人自立冬起開始進補到冬至吃粄圓，接著是吃尾牙等各式大宴小酌，農村收冬戲熱熱鬧鬧登場，在客庄隨祭儀而來，有十月半打一床（籠）新丁粄的感恩賜福習俗，表示此年家有新生兒誕生，慎重其事慶祝。

有新生兒就有產婦，台灣人的生命禮俗中最為婦女著想的或許就是坐月仔，為期四十五天上下的日子裡，產婦除了哺乳，雜事一概不管，坐月子的重點是讓產婦身體恢復的飲食，傳統觀點認為，此時是女性調整體質的重要時刻，期間食物以雞酒為主，甚至有的家庭會嚴格規定，一天必須要吃掉一隻雞，除了雞酒與米飯，其他配菜

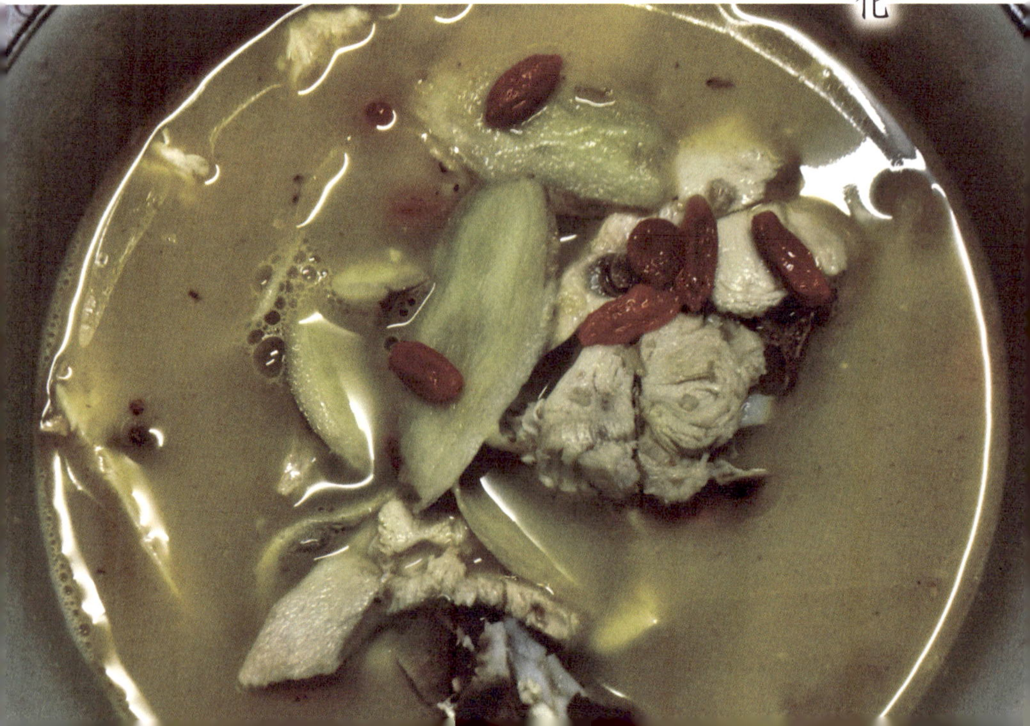

只是為了讓產婦好入口，愈少愈好。

雞酒就是一般說的麻油雞，是坐月仔的主食，若想換口味時仍然要用麻油豬腰子一付（包含豬腎和胰臟）或豬肝，想吃別的也要用麻油煎魚，麻油炒菜，菜得選擇較熱性的芥藍或豆類，重點在麻油。

麻油看似佐料卻是主角，從早期在家生產的嬰兒要用麻油來清洗剛被分離的肚臍，用麻油抹頭，一方面讓傷口收斂並有清潔作用，看起來，麻油在「月內」何其重要。

不僅如此，坐月子文化中有送麻油雞與油飯給親友與外家（娘家）的習俗，延續至今，辦公室文化中最讓人期待與歡樂的莫過於收到油飯禮盒；飯盒裡，一隻大大的雞腿、一顆紅蛋與油飯，打開飯盒聞到乾煸過的麻油薑與香菇的味道，一陣溫暖襲來。

麻油貫穿了台灣人的坐月子文化，至今，

油飯在宴席上依然扮演著重要的角色，麻油是什麼——以芝麻的種子榨取的油脂。植物最大的能量所在是種子，是傳遞生命訊息的核心，黑芝麻與白芝麻是指種子的顏色，也是品種。

台灣種植以黑芝麻台南一號為人所稱頌，白芝麻仍在試種期，但不受農民青睞，黑芝麻榨油稱麻油，是料理的基礎油脂，白芝麻油稱香油，作為佐料用。

芝麻油最重要的營養素是油脂中富含不飽和脂肪酸Omega-6的代表物質亞麻油酸，為人體不可自造又不能缺乏的的必需氨基酸，必須自食物中取得，有保護細胞結構、調節代謝機能與免疫反應，並能促進凝血作用；但攝取過量，也會導致人體發炎，使得內分泌和免疫系統出現問題，近年被看重的發現是，其中芝麻素（Sesamin），指芝麻中脂溶性抗氧化群芝麻木酚素（Lignans）為代表，被指稱具有強效的抗氧化作用。

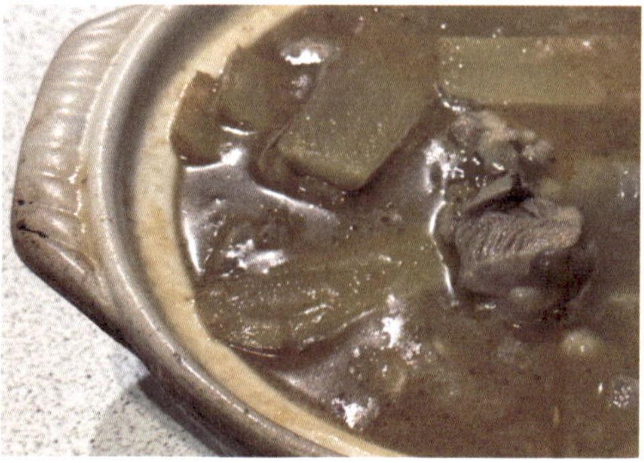

從營養學來看，芝麻在大部分的中醫方略紀錄中都記錄為性平偏涼，但台灣料理習慣用薑煸麻油才轉為為溫暖熱性的食物，台灣人坐月子的習俗自是有道理，對於產後婦女，亞麻油酸可以幫助子宮收縮、惡露排出，或許這就是要吃雞酒的最樸素理論了。

屏東佳冬六根庄三山國王廟，有慶祝新生兒打新丁粄儀式，男嬰是新丁頭、女嬰是新枝頭。

餞糖

需要一點甜的冬日

某一年節氣正常的大雪之後，冷風吹過收割後的稻田在眼前，有點荒涼感的日子，才發現阿公原來是織田信長，在白飯上舀一湯匙精緻白砂糖，滾燙的熱茶慢慢淋下去，一碗甜味茶泡飯是一九二〇年代的少年跟他心目中最悲壯的武士致敬，一五六九年日本戰國時代大名織田信長吃下第一顆葡萄牙傳教士給他的Confeito（糖果）之後，就此奠定了糖在所有竹劍少年心中的永恆位置。

日本人咸信金平糖（こんぺいとう，Kon-pei-to）是織田信長的心頭好，以此形塑了這顆糖果的高貴地位，或許不只是情感上的依託，更是那個年代實際製作上的困難，十六世紀的日本人還沒有琢磨出精製糖的方法，一如一九二〇年代

的台灣人，雖然已廣植甘蔗出口蔗糖成為主要外匯收入，但也才開始現代化製糖產業，提純精製砂糖依然高貴，用糖料理，吃糖滿足味蕾，也不是一般人能夠每天享用。

台灣人從十六世紀就開始出口蔗糖到日本，到日治時期從北到南大規模種植甘蔗，修築鐵道與建築工場都是為了製糖，新竹寶山黑糖產業遍及台三線周邊農地，小時候聽長輩回憶追逐載甘蔗的小火車或冒險偷抽甘蔗的頑皮事蹟，都納悶他們是不是在幻想，因為到處都找不到火車鐵軌也無處搜尋蔗田蹤跡，只有菜園裡一叢不到十棵，在冷風中搖曳的甘蔗，留著給不知道是誰家的女兒出嫁可以用，至今遙遙無期。

相較於男人視白糖為不可多得的珍饈，客家阿婆就實際多了，用手工就能完成大部分的甜食，滿足像螞蟻般的孩子，用黑糖做九層粄或蒸發粄，實屬小菜一碟，挾著冷風收成的黃豆順

手就剁好一大盆，用糖餞給小孩當零嘴，餞糖（jien tong`）也說蜜糖，那才是真有本事真功夫，番薯、烏梨、紅豆綠豆，採收後馬上餞來甜嘴，就像新竹地雲天旁的蜜地瓜，餞糖番薯是寒風裡最溫暖的一道風景。

與地球上太多荒蕪之地相比，島嶼常綠四季恆常，冬季冷冽也不過多穿幾件衣服的事，唯操勞農事耕作之人除外，鄉村風景依著田裡作物變換，是終年不停歇的勞動所得，短暫的間隙唯有一年之盡開年之始，客家收冬戲河洛人酬神扮仙，戲棚下少不了糖梨仔。

餞糖是保存食物的方法，有別於鹽醃在於很難保存，因為還在炒鍋裡就圍著一群噭噭待哺如螞蟻般的小嘴等著被餵食，甜蜜滋味不是抽象意義形容詞，有滿口黏牙，口水直吞，舌頭捲進吞吐的快意。

這一兩年最具滋味的餞糖是蜜柑，蜜柑不是品種是製作手法，從前要等到季末才採火燒柑做的桶柑餅，現今橘子剛成熟就迫不及待採集下來清洗，燒熱水汆燙殺菌，再泡冷水去橘皮苦澀味，取出，將橘皮劃開八道縱向切口保留頭尾不切斷的完整性，與冰糖、麥芽糖入鍋熬煮至乾，邊煮邊壓扁，最好能將籽都壓出來，精緻的桶柑餅必定無籽，取出靜置整形放涼，過個幾天再吃嚼勁十足。

1 | 餞橘子又稱蜜柑，桶柑餅是新興受歡迎的蜜餞。

2 | 蜜漬花瓣是時尚潮流。

3 | 地雲天旁的蜜地瓜。

4 | 蜜果乾漬花瓣沖水喝。

杏仁茶

她在秋白的街角

一九二三年（大正十二年）東宮裕仁親王後來的昭和天皇來台訪視，四月二十四日在行邸大食堂亦即現今台北賓館賜宴「台灣料理」，共十三道菜，最末一道以「杏仁茶」收尾，當時的菜單這麼描述：「杏仁茶：用中國甘肅產的古桃果實，去皮磨成粉狀，以細布過濾後，加入冰糖調製而成。」

杏仁茶有高級的質感，是宴客的甜湯，然而對台灣人來說又是這麼的日常，攝影家李火增的大稻埕相簿，最知名的一張照片就是延平北路南京西路口光食堂前擺攤賣杏仁茶泡餅和正喝著杏仁茶的年輕人；翻找文獻資料窺看日本時代仕紳文人的日記敘事，早起外出的人就在街角買一份路邊攤杏仁茶加油條，午後辦完事喝個下午茶，

是一碗餐飲店的杏仁豆腐，至今猶然，杏仁茶是菜市場、夜市或車站前的熱門攤車，也是台菜餐廳的菜單，能喝一杯杏仁茶的世道，一派祥和安穩，果真如此？

二十世紀初有機會在外打拚的台灣男人的世界或許如是，展現一種積極進步的勵志朝氣，台灣博覽會、鐵道山海線全面開通，西方文明生活連鄉村醫生都以腳踏車（Giog tab cha，或cii+ hang cha）代步，然而不過三十年，人間世道風雲色變，在白色恐怖被殘殺的受難者葉盛吉（一九二三～一九五〇）的妻子郭淑姿（一九二五～二〇〇四）的日記裡，就成了撫慰痛苦難熬的一杯安慰劑。一九五一年一月七日，距葉盛吉在台北馬場町被槍殺第三十九天（一九五〇年十一月二十九日）後，兒子葉光毅才三個月大（一九五〇年十月二日誕生），她決定新的一年要開始振作精神，趁著星期天獨自到教堂做禮拜，「歸途去飲杏仁茶，下午在家裏整理，盛吉的行李、寫真，我觀他的寫真彷彿他的過去的和我生活時代的快樂，流淚，真苦心。這心裏的苦這樣解決呢！」

這則日記透露了龐大的時代訊息，除了大環境態勢發生的社會政治事件，她在結尾記下，「今天市長再選舉，葉廷珪入選市長。」府城世家仍有人改了名繼續從政。然而真正讓人愀然的是敘事者悲痛無法言說的心境，只能用樸實的文字甚至不敢寫出的名字用〇〇〇記在心裡，「禮拜後騎腳踏車到好幾個月沒去的錦町、淺草市場。頭痛……我心裏感覺真苦，到底我要知道〇〇〇大官的心情，我想不出來他的所造的行為。」尤其連自己想寫的書名標題都只能，「晚上寫〇〇書，以後吃麵包、茶，以後就寢。」

換了個政權依然用前一個朝代的文字，轉換語言的艱難可想而知，郭淑姿的日記從日文寫到漢文，誠然語氣不順氣難平；人們用甜杏仁燉湯潤肺預防秋燥，以苦杏仁入藥止咳平喘，台灣人四百年來政權轉換更迭，只有一杯杏仁茶平緩心境，支撐片刻安然。

此時再回頭看日本時代去大直公墓上母墳下山後，在榮町新建發餐廳吃一碗杏仁豆腐安頓自己的產婆李招治，同樣是失去親人的哀傷，沒有母親的人如霜打的茄子垂頭喪氣，但至少有男友相伴不孤單。

李招治是台灣第一代受過西式醫療專業訓練的助產士（產婆），在台北醫院助產婦講習所研習後，進入台灣總督府國語學校附屬女學校技藝科畢業，她的學妹也小姑詹金枝是新埔客家詹秀才的女兒，嫁給同庄漢醫世家張七郎為妻，後舉家搬遷鳳林，是二二八事件花蓮一家三口同時遭難的客家遺孀，李招治的亡夫就是詹金枝的兄長詹並茂，她一定沒想過在她和前同事新竹仕紳黃旺成交往時，還經常來家裡過夜，喊她舅媽的張宗仁、張果仁兄弟，在幾年後會遭逢大難。

她是一位在丈夫過世後有專業能力獨自撫養子女成人的現代女性，在流轉的街頭跟終身相伴的男友走進一家餐廳喝碗杏仁豆腐就是片刻安頓，甚至黃旺成的日記中也會記下，自己經常在疲累時「趕到英宅／吃杏仁豆腐／驟雨沛然下／直至九時半雨歇／乃步泥水路歸家／鞋盡濕」此際是一九三一年九月二日，秋風漸起，預先為十五年後的狂風暴雨演練。

回到八年前裕仁親王大宴台灣料理中的古桃果實，實是是杏桃（*Prunus armeniaca*，英文 Apricot）的種子，亦即杏仁（Apricot Kernel）原產於中亞新疆一帶，在漢醫醫藥食療運用深刻，分為「北杏」與「南杏」，北杏帶有苦味有微毒性，稱作「苦杏仁」常見於藥方；南杏則有甜味帶淡香，稱為「甜杏仁」，亦即製作杏仁茶的食材。講究的杏仁茶配方要三比二，南杏三北杏二再加圓糯米，打漿熬煮三十分鐘才成。

這張照片攝於 1950 年代，紀錄通霄白沙屯地區，小販在街邊賣杏仁茶的情形。三輪車上載著的攤檔是用木頭製成，把杏仁磨成粉末狀，再以熱開水沖泡，就可以做出一碗熱氣蒸騰的杏仁茶。早期習慣以杏仁茶配油條作為早餐，當時賣杏仁茶的小販會以人力三輪車載著火爐鍋盆沿街叫賣，往往叫賣聲還沒傳到，杏仁茶特有的香味早已傳到鼻子裡。現代杏仁茶配油條則多出現在夜市、集會遊行人潮聚集場合，或是高級飯店中。（攝影／謝其煛，苗栗縣政府文化觀光局建檔）

1

2

至於另一種熱門堅果零食杏仁果，則是扁桃（Almond）的果實，是製作流行甜點馬卡龍（macarons）的食材，那又是另外一個故事了。

1｜餐廳裡的杏仁豆腐。

2｜土耳其的杏桃果乾、甘肅的杏仁，以及早餐加奶粉穀粉食用的杏仁粉，從日本時代至今，都是台灣人的日常飲食。

打鬥四

Hey man, what's crackin'?

問我爸什麼是打鬥四（da`deu`si`），他笑笑不說話，我自認機智地自問自答，「沒有，」他表情怪異，我又自以為幽默笑說，「因為沒朋友。」奇怪的是他很少對我的客語提問默不做聲，這個單詞小時候會在阿公阿婆的對話中出現，尤其是在九降風吹得人厭倦，百無聊賴的午後提到誰煮了一鍋雞酒，或聽起來語焉不詳如剮（chi 宰殺）了羊打牙祭之類的話語傳來。

打鬥四確實是客家人說偶然地、臨時起意地聚眾打牙祭之意，而且多半是中年男性才會有的活動，有人說這是客家男人的浪漫，若看到有女人、老人或小孩在旁邊，多半是像在賭桌邊插花吃紅的角色，真正的參與者是有兄弟情份的左鄰右舍，從小到大的玩伴，能聲氣相投拍肩膀，說

一句hey man的buddy buddy（兄弟）。

我猜這件事在有些家庭是不太被認同，誰知道正值壯年的一群男人，聚眾吃酒作樂會發生什麼事，那年代說出不該讀的書名，約了參加什麼聚會，糟的是繼續下去就能找個地方推筒仔（tu-i`tungˇe`，麻將推牌九），原來只想小憩卻成了無法自拔的耽溺，聽了恐懼油然而生。

「打鬥四」用海陸講起來像「打斗喜」讓人摸不著頭緒，也很難意會，直到有次看見北埔人把農曆九月十九日慈天宮主祀觀音生的平安戲節慶儀式，擴大成「打鬥敘食平安」活動，才恍然明白客語用「打」為開頭的詞，大約都和遊戲、樂趣的狀態有關，是人生中安適的一部分，像是打棋子（下棋）、打新丁（慶祝生子）、打嘴鼓（聊天取樂）。

鬥本有聚攏、湊合之意，在小吃店或餐廳吃飯跟別人併桌叫鬥桌（湊合成一桌），跟會要湊人數叫鬥腳數，挑擔子要能平衡才好鬥擔好挑，當然最歡樂的是兄弟們湊在一起吃喝打鬥四（打牙祭）。

四最難意會，既然是男人主導的樂趣，想來四海之內皆兄弟的三朋四友抑或三親四眷總錯不了，問我爸到底是什麼意思，會不會是說像屋簷鳥築巢一樣「打竇」，我爸鎮定的說那叫「做竇」（zoˋ deuˋ小鳥築巢）。

也有人把打鬥四說成go Dutch各付各的，感覺很相近意理卻是最遙遠的距離，go Dutch是十五、六世紀英荷海上全球爭霸戰爭中留下的俚語，英國人對荷蘭人吝嗇節儉的刻板印象，發展出來的輕蔑言語餘緒，至今成為聚餐吃飯各付各的說法；但打鬥四不是各付各的，而是各自帶些食物，甚至是某人得到一種難得的食材或買回平常不會特別做來吃的食物，叫大家一起來吃，被吆喝來的人則帶一些酒或家裡剛好有的食物，或買一些自己想吃的食物一起打牙祭，最常見是可以配酒喝的小食，斬一盤鵝肉鴨肉，買一些雞爪雞胗等滷味；當然炒米粉煮蘿蔔排骨湯也無不可。

打鬥四泡茶是一定要的，買到／捉到野味是一定要吆喝聚眾顯擺，鍋滾擺碗筷為了打嘴鼓。

第七章

做寒个北風與太陽

① 風合日

② 有食祿

③ 炆爛肉

④ 雪裡紅

⑤ 菜頭粄

⑥ 糟嫲

⑦ 香菜

⑧ 鹹淡

風合日

鹹菜——我要為你正名

客家人的鹹菜是百變女神，是千手千眼觀音的風物，從初階的水鹹菜、中階的覆菜，到高階的鹹菜乾，一年三百六十五天天天煮一道絕對不是問題，不信，試試覆菜白醬奶油螺旋麵，濃稠奶醬裡的鹹顆粒，有嚼勁的麵和切得細碎的覆菜相互提升，完全不違和。

做一件事如果需要用到八九個步驟，能有十個以上的形容詞，並難以被轉譯，這種精確性與獨特性的用語是一個族群的資產，客家人的「鹹菜」一詞，或許可以這麼說——台灣客家人的文化遺產。

日文有一個形容秋光的詞是「木漏れ日」，形容陽光從樹葉縫隙中灑落的樣子，據說是全世界最難被轉譯的形容詞，浪漫台三線上客家人的

「滷鹹菜」（lu`ham coi`）也是，集形容詞、專有名詞、動詞於一，在島嶼十一月中開始持續到來年二月結束告一段落，然而仍是未完成式，因為在接下來的一整年，都能變著花樣完成它。

九降風吹日光閃爍，客家人說「風合日」（fung`gag`ngid`）的日子，是斬（zam、）大菜的好時機，滷鹹菜之前，芥菜要用陽光讓它柔軟，砍下來的菜——大菜確實厚重到需要用砍，砍客家人說斬，活靈活現如古裝劇裡的戰爭場面——一棵一棵排好如此壯烈親炙熱陽，每一面經歷兩三個小時的洗禮，再貶轉來（bien`zhon`loi 翻過來之意），翻面再曬，「曬鹹菜」半天過去，冬天日光短，正逢下課的小學生可以被使喚，幫著做不停歇的工序直到燈火亮起，晚餐上桌。

禾埕堆得像小山般的大菜，每一棵都要挲鹽（so`rham），這個動作，講究的主婦絕不准小孩動手，用雙手輕柔摹挲呵護，除了在客家婆媽幫

嬰兒洗澡洗頭時常看到之外，就是此刻了，所以她們絕不假手他人。

用了鹽再開始揉（ngioˋ）鹹菜，這個動作，要保證不會把鹹菜折斷、弄破皮才能夠參加，納悶她們到底是要用力還是不用力才會把鹹菜揉到可以放缸裡不會被壓斷、踩斷，踏（tabˋ）鹹菜可是很多人的美好童年回憶，整個過程中唯一會被拜託幫忙的工序，因為一般家用容器，再大的缸也只能容小孩在裡面踩踏。

天色已暗晚餐前，工事告一段落，滿缸的鹹菜要讓它出水，壓個兩三顆大石頭幫他增進速度叫矺（zag）鹹菜，這詞很難找到華語字替用，用石頭壓緊還要撨對位置以免無功用，不會比撨代誌簡單。小時候讀司馬光打破大水缸的故事，老師說得興起我腦海也浮想聯翩，就想到矺鹹菜把菜缸打破，果真就被我打破了，還真叫心想事成。

日光燦燦風合日，台三線上難得乾燥的日子，十天半個月水鹹菜完成，日常三層肉鹹菜湯，假日家聚功夫一點，鹹菜、豬肚和紅蘿蔔紮得像柴薪煲一鍋豬肚湯，鹹菜鴨湯可以簡單也可以繁複，端看想喝湯還是想吃肉。

至於炒一大盆鹹菜肉絲好裝罐，讓住宿的中學生帶回宿舍，則是每週日的大工程。高中時代最飢餓的一道料理是同學們圍著一盒又油又酸甘甜的鹹菜炒肉絲，一人偷一口，讓興沖沖帶著來上學的人，又要再等五天才能解饞。

剛開缸的水鹹菜去掉一些葉子，三層肉切細一些煏油，蒜末剁碎，起鍋前勇敢的灑一把二砂糖讓它來不及融化，裝盒帶到學校交流比較。

1

2

3

4

煮什麼都摎（lau´）一點水鹹菜的期間，也算是冬日限定了，至於亼鹹菜（cib`ham coi`），那又是另一個濕醞（shib yun）的事故。

1｜從大菜到水鹹菜一步之遙有八九個工序要完成。

2｜醃個兩週變黃的水鹹菜，酸甘味都出來了。

3｜炒水鹹菜肉絲，當零嘴就吃完了。

4｜風合日的日子。

有食祿

人生莫過於鹹菜乾

「厥食祿滿了」，客家人的長輩都這麼輕描淡寫的提到那個誰誰過世了，親人、鄰居伙房，甚至看著電視新聞上公眾人物的離世消息，都會來這麼一句，有點淡淡的哀傷，也有點疏離，更多的時候讓人感到孤寂的氣息。

形容一個人遠行叫「食祿滿」，說人有好口福卻是「有食錄」（rhiu`shid`lug），人生在世好像只有吃，人是為了吃而存在抑或為了存在而食，自是相應而生，直到鹹菜乾化為泥浸入爌肉裡。

人生吃食有定數是普遍認知卻難聽天由命，宋朝詩人陸游有詩，「丈夫窮達皆常事，富貴何妨食萬羊。」並為此詩作註，「李文饒（李德裕）嘗遇異人云：平生當食萬羊。」要人不論困

厄或富貴都要視為平常，吃完一萬隻羊就食祿完滿。

唐朝人李德裕歷任八朝官拜宰相，晚年從長安一路被貶至崖州（今海南島），唐宣宗上位他有預感會被貶而找僧人算命，算出有一萬隻羊的食祿，此時他已經吃了九千五百隻，算命過後回想起自己曾經做過的一個夢，遊晉山遇見羊群，牧童告訴他，這些都是你以前吃過的羊。

十數天後，振武節度使送來五百隻羊讓他治療風濕痛，李德裕不詳之感油然而生，問僧人，若我再也不吃羊，是不是就不會死了，僧人回，羊送你就是你的了，雖然不會馬上就死，但還是會貶官。這則《太平廣記》卷九十八中「食萬羊」的典故，要人看待命中注定的事，淡然處之。客家人則看得更開，有諺語，「日睡鳥，飛來蟲。」鳥兒不用早起自能「有食祿」。

客家人在還能吃時稱有食祿，祿是祿位也是俸祿，有位置有事做才有錢可以吃，是天文學上北斗七星中的第六顆星，也是占星學紫微斗數中的「化祿星」，亦即福德之神，道教廟宇有福祿壽三尊神，祿神手牽孩童主管文昌，總歸要有學識才能升官發財，就會有口福。

客庄鄉村廟宇多文武宮或文昌宮，冬日暖陽下，村人借石階神像曬鹹菜，拉條繩子圍個網就成了加工場域，祿神畫像前鋪成一道風景，是阿姐阿嫂雙手揮灑的漸層黃褐色彩。

有食祿的客家菜莫過於客家料理的基礎鹹菜，客家吃法，從旬味大菜沾桔醬開始，大菜就是芥菜，島嶼上的芥菜自古以來就少品種，客家人只愛大葉芥菜醃鹹菜，擠覆菜（pug coiˋ），曬鹹菜乾，四種食材在不同的時令各有吃法與菜譜，隨著豐儉變化滋味，覆菜肉餅是浪漫台三線獨有的做法，為此無論如何都無法把覆菜說成福菜，這跟有食祿說成有食福一樣不道地。

福不福的如何能把我們反覆跟太陽與北風交陪的人生呈現出來，一如我們不在梅雨的季節曬鹹菜乾，也就無法脫口而出梅干扣肉，客家阿姆哪會這麼功夫（講究），蒸過再拿出來倒扣，自是鹹菜乾炆爌肉，在鍋子裡被細火熬入肌理才算功成名就。

鹹菜乾是大菜的最後一哩路，在禾埕的冬陽下曬到忘我的菜乾，捆成一個拳頭嫲大小像柴薪一般，繼續曬，待到春雨濛沙湮遮蔽才收起來，臭日曝味道太重得裝罐封存，在升起百無聊賴的心緒時，感到人生滋味寡淡，再拿來食，一開封鹹菜乾之味瀰漫衝出，方圓百呎都聞得到。

浪漫台三線上的鹹菜乾之味怎麼形容，密封起來的日曬和風乾會是怎樣的味道，鹽味，乾燥的柴薪散發出乾燥的氣味，陳年的鞣酸像皮革，確實有點酸酸的味道，總歸鹹菜乾就是鹹菜乾的味道，哪個客家子弟忘得了，鹹菜乾炆爌肉吃的是阿婆手路个味緒。

捆成拳頭大小的鹹菜乾，並不容易解開，也不容易煮，通常要剁細成泥和煏過的三層肉，一層肉一層鹹菜乾一起蒸，才會入味。

炆爊肉

因為肉味的緣故

總覺得長輩說「割豬肉」（買豬肉的意思）時，很慎重的帶點興奮又神祕，至今，家裡隔天就要去買新鮮豬肉備用，我媽總不厭其煩慎重其事的大人小孩都問一遍，有誰想吃什麼嗎，或先想好要買哪個部位，才帶著菜籃出門。這麼枝微末節的日常，或許是累積好幾代的習氣，也可能是為了提升炆爊肉的味緒。

廚房工具時有新產品讓料理變得容易，也讓做菜保持一定的品質，但再好的工藝與手藝，沒有好的食材終究事倍功半；我從不懷疑全世界最好吃的豬肉產地是在台灣，尤其是黑豬肉的品質都在水準之上，幾乎都是上肉等級。

有一次在通霄楓樹窩的山邊細路行走，好似聽到豬隻哞叫，以為自己聽錯，跟稻農確認果然還保留著豬欄養豬，為環境變遷也是未雨綢繆，擔心年節爭搶買不到好肉，客家人鍾愛的炆爊肉、封腿，甚至覆菜肉餅都會無法滿足盡興，乾脆重啟廢棄豬舍，自求多福。

事實上，預訂豬肉在現代超市尚未販售生鮮食材出現之前，大部

六堆黑豬

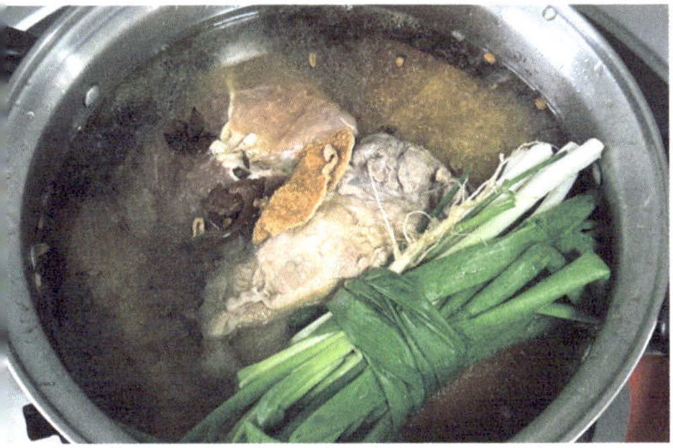

分時候都需要事先預約，尤其客家飲食中有幾道菜，不事先確定可以拿到好的豬肉部位，就無法端出滿意的料理；像是白切三層肉（又稱五花肉或腹脅肉）、炆爌肉和封肉與封腿（後腿肉）。

如今要炆爌肉並非難事，每天上桌都不是問題，但沒有好的三層肉，就做不出皮酪酪（log log，軟爛之意）肉不乾柴的好吃爌肉。好的三層肉指腹脅靠近肋排的部位，換句話說三層肉也有等級之分，在地風土條件造就族群的飲食文化，得靠日積月累琢磨食材打造手路，想像鄉村歲月裡，一個村莊一位屠戶，要供應全村食用豬肉，沒有經年累月的交關（交易）與好交情，怎麼端得出禮俗儀式中所需的祭儀，也無法發展手路菜。

小火慢燉是謂炆（vun），也是悶熟，日常炆爌肉用三層肉切方塊，一小塊肉有皮、油與瘦肉，節慶多用大塊肉或豬腿，稱為封肉或封腿，正式宴客通常把爌肉和筍乾一起盛盤上菜，被肉汁浸潤過的筍乾有醬味就有了滋味。

為此我常覺得大家愛炆爌肉並不是為了吃肉，而是肉味（mui+）可以當燙青菜的澆頭或再拿來煲蘿蔔、結頭菜或竹筍等根莖類食材，大家爭相挾的不是那塊肉而是菜，從冬季盛產的青菜到春天的香料植物，白芥藍、菜筍、高麗菜一直到蕒仔的萵苣類、茼蒿，無菜不可，有了肉味就不覺得寡淡。

客家人說味緒的多重涵義中，味在爌肉味是指炆爌肉汁，用醬料糖醬油、香料蒜頭八角與豬肉熬出來的味（汁），端的是抽象精神與品味。

最典型的炆爌肉就是跟炆筍乾一起端上桌。阿公阿婆最喜歡皮酪酪（log log，軟爛之意）肉不乾柴的封肉。

雪裡紅

吃成自己的味緒

入冬第一把青菜，被第一道從雪山山脈吹來的風洗禮過，最慎重的吃法是煠熟沾一點醬油入口，頂多用放了十個月的桔醬拌一拌，吃原味嚐土地的味緒。待第二次收成，才來熇油清炒，圖個清味。吃過了兩次口齒要升級，再來炒三層肉片，如此反覆三五餐也會膩，只好醃漬一兩天或三五天再來吃。

好年冬的收穫謂之豐年，青菜醃雪裡紅成了常態，客家人原來也沒有特別名之稱謂，但外省人都這麼叫也跟著說了。

學生時代的十月假期多，剛開學不久，學際聯誼活動也多，這時節經常能一個月沒回家，往往要到阿婆打電話催，「雪裡紅做得食囉！」小時候不懂阿婆為了跟孫子溝通學「國語」的難

處，每次阿婆說華語，我都會笑著修正，祖孫倆互相笑鬧，獨獨「雪裡紅」，要到很久之後才得知，正典的講法是「雪裡蕻」。

於台灣人而言，本就是外來語，沒有相應的環境去理解冬季雪地裡長出的綠色長長的梗有多珍貴，「蕻」指茂盛或菜類的長莖。然而雪裡紅的「紅」，很多台灣人跟我一樣，一直誤會是加了辣椒的緣故，是一道菜的名字；炒醃漬隔夜或兩三天的小芥菜（皺葉芥菜）加辣椒配色添滋味，紅是指辣椒，而我阿婆則是單純的以為，因為難得有加辣椒炒的菜，所以孫子們喜歡吃。

創刊於一九五〇年的農業刊物《豐年雜誌》，有幾篇一九六〇年前後，介紹雪裡紅醃漬法和食譜的文章，雪裡紅在此處就是芥菜的品種，一如雪裡蕻就是能在雪地裡長出來的蔬菜，以此判斷，台灣人吃雪裡紅，是一九五〇年之後，才開始從江浙菜取法而來，畢竟我們習慣的吃法是滷（luˋ，以鹽醃漬之意）到變黃發酸的鹹菜（酸菜）。

事實上，滷雪裡紅不只可以用小芥菜，小芥菜客家人說「割心菜」（god sim`coiˇ），一直想不通為什麼叫割心菜，或許是河洛人把芥菜叫成刈菜（華語發音同卦菜）而包心芥菜吃的部位是「刈菜心」，轉譯發音再詮釋就成了「割心菜」，事實上，還可以用蘿蔔葉或油菜等冬季蔬菜來醃漬，江浙人的說法叫雪菜，知名的江浙麵點有雪菜肉絲麵和雪菜蒸餃，後者通常做成素蒸餃。

鼎泰豐在還沒有和小籠包畫上等號之前，菜單上有口皆碑的點心尚有幾樣，素蒸餃就是其一，切得細細碎碎的雪菜讓人驚嘆刀工真是了得，講究細緻的江浙小點，由此窺探素蒸餃做得道不道地，永康街隔壁街上的麗水街江浙點心最知名的是雪菜肉絲麵，江浙煨麵盛名莫過於這一碗。

1

2

1｜小芥菜，客家人說「割心菜」（god sim`coi`）。

2｜客家人最擅長的焗油炒菜，焗油炒雪裡紅，指用三層肉煸油炒青菜。

3｜素蒸餃裡包的雪菜叫雪裡蕻。

在政權轉換中增加新口味的台灣人，把雪裡紅當作季節性的餐盤，雖然醃漬物可存放，但吃「青」的雪裡紅倒不如吃「黃」的鹹菜，在真正的大菜（客家人說的芥菜）還沒上場前，權做填補冬季蔬菜盛產前，空窗期中的纖維素來源。

3

菜頭粄

若無閒事上心頭

客家米食中，做起來最無負擔的當推菜頭粄，有「閒閒打一床菜頭粄來食。」的悠閒情調，不為祭典拜拜，沒有人情酬酢往來，就是在稻作收割之後，冬季年節之前，難得的鬆散時刻。

在此之前，田園之秋最深刻的印象是阿婆、媽媽、婦娘、叔母，路過的種菜鄰居，一群婦人隨意站在秋收的田埂邊，就可以展開陣式比賽，把自家的成果，從食材到食物一一羅列，有「金嬌仔」（小蘿蔔）、「雪蔔」（梅花種蘿蔔）、「大蘿蔔」、「大等个金嬌仔」、白玉蘿蔔等的種植，到「蘿蔔錢」（圓形切片）、「蘿蔔乾」、「蘿蔔細（絲）」等處理方式，快問快答看誰先馳得點。

從他們口中流洩出來的名詞，一開講就停不下來，跟武俠小說裡的開山祖師教自家徒子徒孫的一點訣般，這一家的路數是什麼，那一家的脈絡為何，精要之處在哪，哪個品種要先種；「金嬌仔」曬蘿蔔乾比較好，「大蘿蔔」可以曬蘿蔔錢，大家都愛的菜頭粄有「雪蔔」最好，聽到記不起來，令人嘆為觀止。

顯示了台灣人善於育種，勤於找尋新品種，不排斥新口味，對於外來種也有自信種成台灣特有種，更別說把別人的口味變成自己的獨家祕方，就算吃到客家人的港式蘿蔔糕中有客家小炒也別奇怪。

當然，說到菜頭粄已經蒸了幾床來吃，她們就會開始評論今年的蘿蔔品質，最重要的是自己的江湖一點訣，而大部分的人對如何蒸菜頭粄最感興趣，在廚具愈來愈精良並有更多選擇的現代社會，做粄容易多了，誰都能試著自己料理，這些長年浸淫廚藝的主婦，能夠拿來沾沾自喜的手藝，就顯得不足為奇；蒸粄能手感嘆，怎麼就失去了表演快速燒柴一點就燃的功力，無法展示大灶獨特的妙用，不能談需要燒幾根柴才能蒸熟，讓人遺憾技藝時代就這麼過了。

現代人蒸菜頭粄甚至只需要一只大同電鍋就能搞定，不用把米拿去磨成米漿，用現成的水磨粉即可，削蘿蔔的刨刀和刷籤選擇多樣，端看你喜歡哪一種口感；當然代誌不是憨人想得這麼簡單，用竹籠蒸鍋一定比較香，用米漿一定好過水磨粉，用白玉蘿蔔比較甜，刷絲後要先悶熟，一比三是經典比例，加一點鹽，一點胡椒粉就夠了，其餘則免。這就是客家菜頭粄。

現今到餐廳吃菜頭粄吃到的經常是港式蘿蔔糕，因為加了肉末、香菇、蝦米和油蔥等各式配料，終究是比較豐富；客家菜頭版就是時令季節飲食，彰顯的是田園豐美，農村社會悠閒滿足的一道風景。

攝影／廖永勛（Ted）

看過一位韓國留學生拍的影片提到，她回到首爾最難以忍受的就是不能吃到台式連鎖早餐店的蘿蔔糕，所以只好再回來就學，而那種程度的蘿蔔糕，在秋冬季節，隨意找一位客家菜市場裡臨時擺攤的伯姆，都能買到更具蘿蔔香的菜頭粄。

1

2

3

1｜菜頭粄就是蘿蔔糕。

2、3｜用傳統方式蒸菜頭粄，要磨米漿、刷籤，雖然比較麻煩，但風味更佳。

糟嫲

糟嫲之味，麴个鍊金術

你愛的是米麴還是酒麴，你好糟嫲還是胸脯肉浸糟嫲，極端份子直接把糟嫲淋在飯上暖在胃裡，客家人對糟嫲的喜愛就跟河洛人愛紅糟一樣，而糟嫲跟紅糟有同樣嗎？

冬至前急速降溫的日子，傳統菜市場裡平常擺攤的菜販仔也懶得出來，反而是久違了一年的燒仙草、糟嫲和菜頭粄現身，這些有點年紀的婦女以自慢身手，不畏寒風來做每

辣蓼草

年一次的買賣，既應景又即時送暖，他們賣的不就是寒冬裡的一點慰藉嗎。

我媽每到冬下的早晨，白飯上從淋一匙苦茶油換成了糟嫲，紅色的糟嫲有發酵過的酒香味，有時開玩笑說吃素怎麼可以喝酒，她不以為然皺起眉頭，糟嫲放的又不是酒麴，酒香不是酒味。

發酵總會帶一點酒精讓人迷醉，有人以酒麴為媒介，傳統飲食更多用米麴來轉化，發酵轉化是一種煉金術，提升人類的飲食文化，精緻化的過程傳遞文明進程。

客家人的糟嫲（zoˋma）發海陸音說快一點好像是客語的「做麼」（做啥），跟閩南音的紅糟（âng-tsau）一樣，在料理上帶有地方色彩與季節風味，福州紅糟聞名在於以製酒後的糟粕為醬料，成了知名台灣小吃紅糟肉，大稻埕慈聖宮前，一早就能看見酥炸紅糟肉配紅露酒（紅麴米釀造），每每讓人驚訝透早就準備氣力的豪邁。

但客家人的糟嫲可以是佐料、食材甚至當食物直接下肚，拿來醃製肉類有糟嫲肉可以當涼菜吃，也可蒸過後熱熱上桌，都是為了發酵過的麴米有一股酒香味。糟嫲二字不就是糜爛裡的菌種是轉化之母，是美味的關鍵。

很少有其他語言像客語一樣運用「嫲」，嫲也可做「嬤」，大部分時候是具有性別意義的詞性，像是相對於公（牯）的母（嫲），狗嫲指的是母狗、戇嫲是笨女人，當前綴詞時說「嫲个」是母的；但也能當作非性別指涉的綴詞，像是舌嫲（舌頭）、拳頭嫲、巴掌嫲，我阿婆會說，舌嫲痺痺（bì）是因為吃到辣椒了。

溫補的糟嫲要用長糯米泡水後蒸熟再放涼，與紅麴攪拌過靜置等待發酵，至少需要半個月才能熟成使用，一般配方是一斤米一兩紅麴；而紅麴是由紅麴菌接種到蒸熟的米上，加工發酵得到紅麴米，由於發酵過程中產生的顯紅色素。傳統農村並不會每一季都種糯稻，二期稻作種半分地就足以支撐一年的用量，成為客家傳統飲食的重要元素。

冬至將到煮湯圓，有人愛客家鹹湯圓有人愛酒釀湯圓，酒讓湯圓是白米麴煮成的甜湯圓，而日本甘酒（あまざけ，amazake）是最新流行的米麴飲品，但都不若客家糟嫲，自冷盤糟嫲肉，到炆爌肉煮湯圓都可以放一點增色，甚至直接拿來炒菜增味，或者乾脆用來拌飯，想怎麼吃都可以。

1

2

3

1｜糟嫲的身世之謎在米麴。
2｜糟嫲鴨做冷盤最受歡迎。
3｜紅糟肉是台灣小吃名物。

香菜

只有烰菜知道

阿婆只有在冷冷的冬天，才會使喚小孩子去菜園拔一些蔥蒜香菜回來鼓香，每次欣然受命採到的香菜總是會被笑，「香菜芹菜傻傻分不清。」誰叫葉子都差不多呢，尤其繖形科植物的小苗，不是圓形裂齒就是羽狀，阿婆就會說，聞聞看，哪有同樣。

真的，鼻子總能比舌頭早一步發現毒藥，嗅覺先於味覺發現美味的食物，美食家總是用氣味撲鼻或看起來垂涎欲滴推薦一道佳餚，而所有的客家菜在撒上一把香菜後，萬分引人遐思，煮蘿蔔湯起鍋前丟下去，煮鹹湯圓有人說絕對不可少，冬季的炒米粉一定放，強烈的愛好者，連炆爌肉盛盤時都要放上幾片，才顯得好看並彰顯味道或拍起來就能聞到味緒，但香菜終歸是是配

角，有哪一道菜會把香菜當主角？

當然有，很多人不排斥香菜，但吃菜時總是會把香菜挑掉，像是會把大腸麵線上的香菜撥掉的人，唯一一樣絕對要搶著吃的是香菜烰菜，烰菜（po coi）即客式天婦羅，烰是油炸，是形容詞也是動詞，油炸蔬菜絕對是冬季客庄最歡樂的料理起手式，不管哪一種青菜都能拿來炸一炸，葉菜類的香菜、茼蒿是首選，根莖類的芋仔、蕃薯最香，果實類的番瓜（南瓜）有甜蜜滋味，或者香菇等蕈類吃起來會燙嘴過癮非常，想吃哪一款就烰起來，一大鍋油只烰一兩樣就太不值，算毋和（不划算），烰到一籠床，堪比吃鹹酥雞過癮一百倍。

儘管烰菜能帶來歡樂，還是有無法忍受香菜味的人，所以有人發起二月二十四日「國際討厭香菜日」，或許喜愛香菜者不懂為什麼有人不喜歡香菜，但厭惡香菜的人除了受不了那種聞起來像臭屁蟲的味道，更有過敏體質的客家人說，吃了脖子會疹，就像無法吃味精的客家人一樣，吃到味精整個人攤懶無力，或許這才是問題所在。

香菜，學名芫荽（*Coriandrum sativum*），英文稱作「coriander」，即源自於希臘文中的「korion」，意思就是「蟲」，而喜歡跟厭惡，都是因為個人血統基因造成，香菜中含有一種醛類（aldehydes），喜歡的人聞到的是清新甜蜜的味道，討厭的人覺得這種味道難以忍受，像是皂鹼味、發霉味或是沾到臭屁蟲的味道，感到非常噁心，無論愛與不愛都出於自身，是謂愛之如天堂惡之如墜地獄。

香菜在台灣始於鄭成功時期，當時引進的幾十種台灣蔬果中，只有蒜和芫荽的原產地在西亞兩河流域，因此能蔓延全球植栽，本地客家人，四縣直接說芫荽仔，與河洛語的說法一樣，而海豐說香菜比較接近華語；在料理上，除了客家人烰菜，很少當主角直接端上桌。

1

2

3

4

1 | 香菜，學名芫荽（*Coriandrum sativum*），英文稱作「coriander」，冬季菜園裡的常備香料。

2 | 烰菜（po coi）即客式天婦羅，香菜款最受歡迎。

3 | 冬天煮湯幾乎都會放一點莚香。香菜無法擋，煮什麼都可以放。

4 | 全世界都有熱愛香菜黨。

鹹淡

日光與風雨成就的豐湧

推窗見山色，自東北而西南，依次是鵝公髻山，大霸尖山，雪山北角延綿至加里山；我的聖稜線在好天時，飛鳥滑過哪座大山清清楚楚，然而最美莫過於雲海蒸騰時，鵝公髻山只露出頭，加里山帶了帽子，大霸、雪山、中央尖山全不見了。

最美的時刻多半在九降風已歇，天光漸開等待日光露臉的日子，若要用日曆來計算，十一月底到來年二月末是最佳賞味期，尤是舊曆年過後，稻田裡犁田蓄滿了水，天光雲影倒映，遠山近影，路旁的鹹菜乾菜脯乾和電線桿上的麻雀排排站。

無風無雨下午三四點是走路的好時光，日光和煦暈眩出橘色光線，逆光瞇著眼可以拍下直

射而來的輪廓，金色的光圈高貴非凡，幸運地，不願放過黃昏餘光的鹹菜或菜脯絲，在水泥欄杆上，在紅磚牆上，在水溝上搭起的帆布裡，禾埕中兩百四十六顆結好的鹹菜乾列隊迎接晚霞和你。

我正在和光線戰鬥，都說四十五度角拍照最美，躺在禾埕上的鹹菜乾蹲下來背光好呢，還是站著俯瞰直角收攏在四比三的框框裡，阿婆和歐巴桑像看戲一樣笑得開心，順手就撈了兩棵水鹹菜遞過來，阿婆說，這種長腳大菜只能曬鹹菜乾，擠覆菜要用短腳的才好，無意間長知識又拿人的手短，說一聲承蒙您。

歐巴桑晒鹹淡（sai`ham tam`）大方得很，看見路過投緣的人就順手拿幾顆正在享受陽光的鹹菜乾，是客家人請客多一雙筷子的概念，聽見跟自己講同樣的腔調就感到親切，不一樣的口音就隨著人家海陸四縣都能說上兩句，都說苗栗是北四縣大本營，聽到海陸欣喜莫名。

菜乾是鹹淡，客家人醃菜乾，先用鹽搓揉過再曬叫鹹乾，像是鹹菜跟菜脯，用水煠過撈起來曬謂淡乾，曬長豆乾多半如是，晒乾（saiˇgonˋ）也叫晒鹹淡。

朋友曬晒菜脯乾打卡，逶迤整條馬路甚為壯麗澎湃，抬頭望了望窗外，難道浪漫台三線上氣候多變，每一段天氣都不一般，陰天怎麼曬菜乾？世居幾代的心得是風乾之必要，雖然希望日光能曬到讓人脫衫，然而這時節做寒多過好日，住了好幾代累積出心得，日光要曬得出香氣，風乾伴隨濕度就有了韌性，菜乾的味緒就是要韌韌才能吃出脆脆的口感，客家人的菜乾滋味何止氣味，連嚼勁都要顧到。

我常覺得客家人說的豐湧（fung´rhung`）不只是物產富饒之意，更重視精神上的寄託，有時憑藉的是五味有時是五感體會，咀嚼句味最能傳達這樣的情感。

1

2

3

4

1｜遠方是鵝公髻山到加里山的山稜線，近處是磚牆上的鹹菜。

2｜兩百四十六顆鹹菜乾與曬鹹菜乾的阿婆和歐巴桑。

3｜鹹菜乾和桶柑。

4｜水稻田邊曬菜脯絲。

做冷過年

① 煠肉
② 肥湯
③ 長年菜
④ 雞湯
⑤ 客家封鴨
⑥ 素味
⑦ 鹹甜發
⑧ 正來尞

煠肉

過年從這裡開始

灶孔柴火正旺，灶頭蒸氣衝到鍋蓋噗—噗—噗；大鑊頭裡正在煠的是鴨兩隻，好了之後換雞三隻，再來有豬腳幾隻、豬肉十幾斤，肉全部好了，舀一點到小鍋炆大菜（芥菜），剩下的繼續炆筍乾。

過年過節的豐沛大致是從堆疊澎湃（pong' pai）開始的，想要澎湃就得從煠（sab'）肉開始，煠是滾熟的意思，比燙熟要花更多的時間，通常是為了能完整的將雞鴨或大塊豬肉、豬腳，不破壞形狀加熱煮過以免生肉敗壞，也是為了在變成澎湃的一桌前，要先讓神明祖先吃飽，年節慎終追遠，拜神祭祖是客走他鄉的族群，在年關交替時，為了記住身而為宗子的虔敬懷想。

這是有伙房大灶年代的過年印象，灶下（廚

房）的灶頭有兩個孔洞三個灶座，大灶平時很少用，小灶日常飲食天天起火，另一個不設灶孔的位置，用來擺放需要利用餘火保溫的食物或發酵食材所用，例如，做粄的粄脆和糟嫲。

敬神祭祖後的飲宴或許歡愉，團圓歡聚本來就是節慶重要的一環，然而祭拜過的食物並不美味，必須有方法料理才能成為美食，於是有了知名客家菜白斬雞、白切三層肉和冷盤糟嫲鴨。然而白斬雞要好吃並不容易，一隻雞殺好煠熟要花幾個小時，等待祭祀結束至少半天，再加熱處理端上桌超過六個小時甚至已是隔天，為什麼仍然使人垂涎欲滴成了名菜。

手路傳承，長年鍛鍊琢磨技巧，成就一盤白斬雞；煠半熟即撈起不好拿捏，這種技術沽沒有多年的練習無法掌握，新婦絕對難以承重，我常想廚房戰爭是不是就因為手路傳承過程中的齟齬而開啟戰端。

終於來到了能夠端上桌，盛盤前再加熱要在兩三分鐘之內完成，再來，能不能迅速的、會不會剁白斬雞，又是另外一道考驗，手腳麻利成了評斷主婦賢愚的指標之一，讓現代幾乎都成為上班族的婦女為難。

到頭來終究會發現白斬雞好不好吃，其實是在於如何養好一隻雞，至少是會不會挑選一隻好吃的雞，才是好吃白斬雞的源頭，有一句客家主婦的專用語是，「年下要用的雞仔」這種深思熟慮的提醒，看來吃一塊白斬雞是如此費工的細緻活。

很多人自小的經驗，從除夕夜開始，就為了不想吃雞肉跟阿姆生氣，不懂為什麼年夜飯一定要有白斬雞才算年夜飯，到了年初二，又要為了舅婆家、舅媽家的雞肉盤太大塊，非得被逼著吃一塊才能下桌而苦惱，吃白斬雞成了年節儀式感中，深刻難以忘懷的印象。

煠肉的料理手法中，更能代表因風土條件而形塑的族群飲食特色，當數炆筍乾和長年菜，煠肉之後的湯水稱做肥湯，在肥湯之前，阿婆早在兩三天前就得把筍乾拿出來泡開，撕成一條一條，好吃的筍乾看起來是土黃色，咬起來有點脆口的條狀筍絲，而不是小吃店裡黃黃的片狀筍乾。

你的年夜飯說明了你是誰，你從哪裡來，客家人的年夜飯一定要有白斬雞和長年菜，有好好吃完，才能拿到壓歲錢。

1

2

1 | 煠肉發展出的各式雞肉或鴨肉盤。

2 | 用煠肉的肥湯炆筍乾，是小吃店的常備小菜。

肥湯

在湯裡盡情揮霍

都說客家人的宴席菜要四炆四炒，鄉里傳說，能開菜單，能買到上肉（好豬肉）有教養的女性長輩會經常被請去指導宴席，能夠買到好肉，煠个肥湯（pui tongˋ），奶白如蜜的至寶一大鍋，可以炆筍乾、炆長年菜，悶飯煮菜淋上一些增添味緒，是客家菜的鮮味（umami 旨味）來源。

客家人的肥湯是指把肉放進過裡煮半熟或全熟取出後留下來的湯汁，通常過年節時，需要用大鑊頭煮一大鍋水，輪流將雞鴨豬肉放進去煮過取出再使用，平常吃白斬雞、白切肉，煮過後的肉湯也會留下來當高湯使用。

肥湯跟高湯（soup stock），最大的差異在於高湯通常以小火慢熬，使用湯來料理就是目的，

客家人的肥湯是為了煠出鮮美的肉所留下來的湯汁，但仍然好用，並能夠發展出客家料理。

所以客家鮮味有哪幾味？是探討客家菜最核心的問題，不禁想起客家宴席中，小孩子最喜歡

的鴿蛋盅最讓人歡樂；蛋黃的胺基酸腥味，有人愛有人嫌，對嘴巴裡能塞六顆鴿蛋的伙房兄弟姐妹們則無差，吞下去就是了。

鴿蛋料理雖然常見，但一般家庭三餐並不常用這個食材，多半是在請客時，或者在台菜餐廳聚餐時會點個「炸蛋」，客家辦桌的宴席也喜歡燉一盅鴿蛋排骨鮮菇湯，出菜時灑上香菜（芫荽），就是一道精緻的湯品，燉湯鮮美，小孩搶鴿蛋的時候，大人就把湯跟草菇或香菇吃完；台灣料理的「水晶鴿蛋」用高湯，客家菜的「鴿蛋排骨」可以加一些濾過油的肥湯，以燉湯的方式將氨基酸的美味逼出來，客家人說，「出味。」閩南人說，「𤆬味（tshuā-lōo，帶出味道來）」，就是可以帶出第五味的「鮮味」。

旨味具體來說，是指胺基酸，而蛋白質是由二十種胺基酸合成，每一種能提煉鮮味的食材裡都有各自不同的胺基酸，像是穀氨酸、肌苷酸，

單磷酸鳥苷。穀氨酸，有昆布、番茄、蘆筍，蔬果類多。肌苷酸則是柴魚、牛肉、豬肉，以肉類為主，單磷酸鳥苷在乾香菇或乾燥的牛肝菌菇中，含有較多。

台灣人喜愛火鍋，日本時代起，宴席桌上往往會放個小火爐，端上一鍋還冒著熱氣的鍋繼續煮，就會感到熱鬧豐富，朋友提到自家的年菜；過年哪需要做什麼料理，一鍋高湯從大年夜放桌上到初五開工都不用撤下，想吃什麼就往裡一丟，不禁想問他，湯底是什麼？

台灣各地密集的火鍋店，有標榜日式高湯，川味麻辣鍋，咖哩鍋，甚至有起士、巧克力鍋，牛奶鍋的湯底牛奶也是一種可以引出美味的旨味，客家人呢，客家鮮味是哪一味，台灣料理的食譜書中經常有「豬大骨熬高湯」，素食者就用香菇帶出食物的味道，把肥湯當作高湯來使用的客家人，過年期間煮菜都會加一些，尤其是燴波菜、高麗菜封，無與倫比的滋味，真正好味緒。

1

2

3

4

又如一道即將失傳的肉丸湯，小時候經常吃，現今愈來愈不容易吃到，我媽說，這道湯看起來簡單但頗費工，要先熬煮高湯或煠肉的肥湯，肉丸最好用里肌肉剁碎，手上抹米酒一顆一顆摔打，再慢火蒸熟，用肥湯煮筍片或蘿蔔片，再加一些香菇煮熟，以大碗公盛湯六分滿，把肉丸加進去，丟一些芫荽，上桌。

1 | 大粄圓也要用肥湯。
2 | 加了客式水晶餃的水晶鴿蛋湯。
3 | 雞肉肥湯比較清淡。
4 | 炆冬瓜魚湯也鮮美。

長年菜

年菜最好吃是大菜

大年初一到鄉下走春拜廟，經常有一道田園風景，「稻田裡的斬大菜」能讓人讚嘆，真誠地發出了然於心的微笑，是客庄最優美的跫音。

客語斬（zam、）指砍，大菜果然是大到要用砍，大過年就在田裡忙著斬大菜，通常有兩個原因，其一是年夜飯就把好幾天份的長年菜吃光了，不然就是天氣太好，捨不得日光明媚的農婦，想趕緊把大菜斬下來曬一曬脫水，才能滷菜（lu` coi`）做為醃漬鹹菜，曬

成覆菜，甚至留作鹹菜乾之用。

長年菜是早期台灣人過年必備的食物，有用芥菜或波菜兩種冬季蔬菜為食材，北客家多以大菜來做，客家人把芥菜叫成大菜，一八九五年《苗栗縣誌》有：「大菜：有包心、缺葉兩種。十月種，十二月盛。居民用鹽漬，以供日用；故俗呼為年菜。」這個描述至今適用，不論大菜品種有多少，客家人仍然愛種缺葉大菜，亦即大葉大菜來滷鹹菜。

大菜從季節鮮蔬到醃漬菜乾，分別是大菜、鹹菜（酸菜）覆菜和鹹菜乾四個階段，當作新鮮時蔬使用，最知名的吃法莫過於長年菜，無論閩客，都是年夜飯最重要的一道菜。長年菜的做法是用煠肉的肥湯（河洛語的油湯）來炆煮，客家話說「炆長年菜」，在祭祀的雞鴨豬肉都煠好撈起之後，一大鍋肥湯正好替代高湯，用來炆筍乾和長年菜。

人口多或豐年，一次炆個三、四棵或五、六棵，廚房裡必須備大鍋子才能裝得下，早期甚至會用到裝水的錫桶，有了這一鍋過年期間就不用愁，聽過愛你最長久的是吃到天穿日（農曆正月二十）。

江湖傳說的幾個版本大約都是，誰家的阿公喜歡吃長年菜，從年夜飯開始，一鍋菜從黃綠色吃到深褐色，愈煮愈鹹，吃到後來用筷子沾一點就可以配一碗飯。小時候不懂長輩這類講古的意寓，長大後想來就覺得有趣，本來以為是用來勸後生要節儉愛惜食物，後來才發現是因為吃長年菜可以長壽並且把故事說成傳奇。

一八九四年倪贊元的《雲林縣采訪冊》的斗六堡篇有：「煮芥菜，待酸食之，曰長年菜。」長年菜的說法都和農曆春節有關，但不論閩粵漢人都喜酸食之，想來是喜歡發酵的味道。

過年吃長年菜有長壽之意，大菜在每一段時光流轉都被賦予不同的意義，《台灣縣志》（一七一九年陳文達編）有，正月初七是為人日，要吃七種蔬菜煮成的粥，這七種蔬菜是芹菜、菠菜、芥菜、薺菜、蔥、大蒜、蒿菜（茼蒿），這個習俗現今已被遺忘，但是吃蔬菜粥成了雅事，像是有文學意涵的龍葵煮粥是文學家兼革命者楊逵在蟄居東海花園時的飲食。

1

2

3

4

一畦秋收後種在稻田裡的青菜，到了農曆春節，厲害農人已收割過兩輪。

1 ｜長年菜是早期台灣人過年必備的一道菜，至今很多人家仍然有準備。

2 ｜稻田裡的大菜畦。

3 ｜大菜雞湯是現在時興的吃法。

4 ｜大菜的四個階段：蔬菜、鹹菜、卜菜與鹹菜乾。

雞湯

雞頭腳補氣長

斬雞頭立誓，雞頭怎麼辦？上個世紀八〇年代最流行的選舉花招莫過於「刣雞咒誓」，雖然沒去看過熱鬧，但看過另外一種盛況，舊曆年二八那一天，在小村裡逛一圈，就可以看到數不過來滴著血的雞脖子奄奄一息；而我腦海中總會想起阿婆說的「剁雞頭腳」（dog`gai teu giog）有殺雞請客或加菜的意思，有點像香港人說的「落街斬料」，到燒臘店買份燒雞烤鴨加菜慶祝；客家人把雞頭腳剁去，以豐美的雞腿、雞胸肉做「雞肉盤」上桌。

進入農曆臘月十五吃尾牙就開始過年了，就算這一天的「雞頭」都讓別人搶了去，可以保住工作安心過年，過個傳統的舊曆年，要用的雞仍有不少；有小年夜的拜天公、年三十拜祖先、村裡鎮上主祀的廟、年初一或初二的伯公廟，至少四到五

隻，小時候在年前經常會聽到的問候語是，「剮雞鴨吂」（chi gai`ab mang）問候殺雞殺鴨趕進度。

客家菜最知名的雞肉料理莫過於白斬雞沾桔醬，一個年下來不知道要吃幾次雞肉盤，年夜飯被規定一定要吃之外，跟阿婆阿姆回外家，都在數被餵食挾雞腿幾次。喫雞髀（gai bi`）令人印象深刻到想忘都忘不了自己曾經啃雞腿啃到滿嘴油膩膩，但仍然想問雞頭腳到底是誰吃掉，到哪裡去了，真讓人好奇。

現代人可以只買雞胸、雞腿肉，不太會看到雞頭腳，但拜拜的雞一定要完整就讓人煩惱，拿來熬高湯或燉雞湯是最好的方式，過年必備的炆長年菜以煠雞鴨豬肉的肥湯炆煮，善於處理食材的人家會陸續將雞肉盤留下來的雞頭腳加進去一起熬，增加肉味使湯底更濃郁，可以吃到天長地久。

雞在過舊曆年時，無論是作為必備的牲禮或必吃的食物，就無法避免要料理它，就算有無與倫比的客家桔醬來搭配雞肉盤，吃多了也會覺得寡淡，雞湯從湯底變成喝湯無疑是個好選擇，雞湯在年節的客家菜中最常出現可能是雞酒，亦即燒酒雞。

從養生的觀點看，藥燉是個好選擇；中藥養氣常用的黃耆、枸杞和紅棗，自孫安迪醫生推廣後稱安迪湯，是最為簡便的藥燉雞湯配方。而過年經常會用高檔食材，從台灣料理的傳統菜單來選擇，鮑魚雞湯也堪稱簡便。客家食材則有柿霜（乾）雞湯或陳年蘿蔔乾雞湯最具地方特色，或者二〇一六年小英總統的國宴以「錦繡菊花雞湯」聞名，冬季是銅鑼杭菊和台灣油菊盛產期，喝菊花雞湯正當令也很應景。

1

2

3

4

真要簡單易上手，最經典的莫過於香菇雞湯，幾片薑、幾朵香菇就是最具有歷史意義的一道菜，正宗台灣料理。

1｜具有客家地方特色的雞湯，浪漫台三線上的食材，蘿蔔乾、銅鑼杭菊和柿霜。

2｜客家人也滿喜歡在聚會中吃雞酒。

3｜煲到奶白色的雞湯或用高檔食材鮑魚主雞湯，需要一些功夫與技巧。

4｜燉雞湯。

封鴨

我們是如何丟失了那隻鴨

不管是「七月半的鴨仔」或是「去蘇州賣鴨卵」聽起來都不太妙，但更不妙的是為什麼神桌上鴨子愈來愈少見了，連飯桌上都成了特殊時刻才會買個烤鴨來聚餐，鴨肉已不是必備家常食材，冰箱裡隨時可用的豬肉、雞肉和魚蝦都還在，甚至牛肉也成了家常的年代，鴨子卻游走了。

吃鴨的宴席或聚餐倒是成了可以特殊銘記的事件，去吃烤鴨三吃、吃法國菜油封鴨，或者特別選家高檔餐廳吃八寶鴨，鴨肉料理確實手工繁複，歷史名菜如北京烤鴨或粵式燒鴨，或者被客家悶鴨取代的客家封鴨，都不是家常餐桌。

客家阿婆要展現廚藝、宴請重要客人，或是年節想在親友間大顯身手，就選這一味了。不止

一次聽我爸爸姑姑們回憶，「你阿婆以前會做一道八寶鴨，香酥脆又很多料。」一聞之大驚，為什麼我從來沒吃過她做的八寶鴨，在什麼時候做這道菜，我如何就錯過了，忍不住跟過世近二十年的她抗議；這道菜手工繁複，光是幫鴨去骨就是精緻活，年紀愈大愈難使喚自己的四肢，除非有什麼特殊緣由，想必她也不會輕易料理。

而我好奇，客家阿婆為什麼會做台灣知名餐廳，尤其是被上海人據為己有的八寶鴨，說八寶鴨是上海菜，多半是因為他們的菜譜從袁枚的《隨園食單》的〈蒸鴨〉演變而來。

台灣人從台灣料理的角度來看八寶鴨，應該是從粵菜系統的客家菜而來，香港港興大飯店的老闆劉松光說自己身為客家人，要賣傳統客家菜，梅菜扣肉、炸大腸、酒糟雞等，而鎮店招牌就是八寶鴨；他說，八寶鴨以往是客家人辦喜宴的菜式，如今值錢的也就是功夫。做八寶鴨過程繁複，第一個步驟就是把鴨子去骨，繼而把栗子、鹹蛋黃、眉豆（扁豆）、糯米等八寶炒香攪勻，再填到鴨肚子裏去，用鴨頸於鴨頭上打圈包好，再把鴨身刺穿入爐，蒸熟後蘸上菜漿，下鑊炸至金黃色上碟。

另一則是客家封肉系譜，封肉雖以豬肉為主，北部客家人的小封用三層肉稱炆爌肉，大封用後腳的胖腿（蹄膀），先煎炸再用小火慢慢炆的手法，可以用在其他肉類，從前為了塑形確實會將煎炸過後的肉用布包起來煮，以免爛掉不成形，所以稱封肉，而客家封鴨也用相同的手法料理，只是現代人省了用布封起來的工序。更減省的則是悶鴨，鴨肉不需要先炸過，把薑片用麻油煸過，鴨子和高麗菜一起入鍋悶煮，有點像台灣人冬天愛用的薑母鴨。

鴨肉為什麼從家庭廚房消失，從肉質風味、料理手法與養生觀點的角度來探究竟，鴨肉肉質較硬，要處理到軟嫩不若雞肉簡單，客家埤塘養鴨傳統大多為工商販售所用，鴨肉米粉雖然有名，卻不是家庭料理，在家煮鴨肉多做湯，日治時期知名食譜《台灣料理之栞》就有一道鹹菜鴨湯。最關鍵的也可能是鴨被漢醫視為發物，過敏體質的人容易造成反症（fan`zhinˋ，復發）。

既然現今吃鴨肉為非日常象徵，過年時來隻鴨就不為過了。

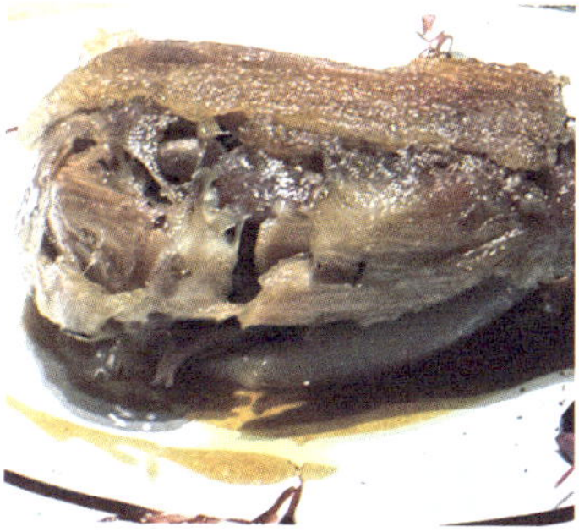

1｜客家封鴨。
2｜油封鴨。
3｜鹹菜鴨湯

素味

鄭重其事的樸素

大鑊頭、灶頭、勺仔、擦仔、撈仔，所有灶下的鍋碗瓢盆、窗戶玻璃、地板隙縫清洗擦乾，包括一年用一次的敬神碗筷、杯盤拿出來洗淨晾乾，口中說好話、手腳謹慎以免鏗鏗鏘鏘，打破了要說一句歲歲平安，如此鄭重其事都是為了要做素菜，烰菜、炸油錐仔，包豆雞、切豆皮，拌十絲等等。

過年做素菜比煠肥湯要注意的細節更多、更繁瑣，當然也更細緻、更爽口，以客家菜來看，更是傳達精緻料理特質的菜色，像豆製品中的豆雞（素雞），先以濕軟的豆包一層一層疊好，用布包起來，以繩子紮出形狀，再拿去蒸，是拜拜時用來湊牲（ceuˇsang`）的必備祭品。台三線客庄早期信齋教，稍後佛教傳入，信者眾並吃齋，

家裡有供奉菩薩、佛陀觀音，或祖先吃素者，必要準備素牲禮敬拜，就算沒有這種信仰，大年初一拜神也多半用素果，素是更能表達虔誠的一種方式。

她幼時即出家；源於一次上獅頭山後山的老石屋廟裡（現稱元光寺）參拜，相熟識的鄰居女伴在此修行頗有心得，遂於下山後決定出家，吃齋的母親也非常贊成，母女倆的說法是，女人生小孩是一種極大的痛，為了免去這種痛，出家不失為好辦法，家族傳說中的齋姑（尼姑）姑婆的出家說法。

都說出家修行是一種緣份，女出家眾不論在生理上或社會條件男女尚未平權的時代，以此避世是很實際的考量，修行規範吃齋念佛與此相較不足為道，隨著信仰進化，齋菜流布演變提升了層次。

俗世社會不愛素食的人仍然比較多，有一種

說法是很難接受素味，例如，近幾年猴頭菇料理包發展成為實用的素湯底，有一次家庭聚餐用來燉排骨，有幾位親友不吃的原因都說是有素味，聞到這味道就好像小時候去佛堂或規定吃素的日子聞到的油耗味，仔細想想，所謂的素味，以台灣素食料理看來，應該是麻油、香菇、薑和豆製品的味道，更早之前，花生油仍為主要食用油時代，地豆（ti+ teu+，花生）的香也不是人人愛。

沒有動物蛋白質的素味；麻油、香菇、薑都有一種強烈的氣味，經常用來煮雞或燉湯提味，最常見的就屬雞酒或麻油雞，這可是很多人的鄉愁，母親坐月子的味道，是歡喜也是母難修行。

然而純素的素味和寺廟佛堂連結，有一種苦行之味，不為人所愛，但香料運用得當，比例適中，則可以免去這種氣息，尤其素菜講究料理手法，像是焇菜是用當季新鮮香菜、茼蒿、香菇或者蕃薯、芋仔等等，大鍋油炸也不是平常可以做的菜式，炸完油錐仔接著焇台灣冬季盛產的時蔬正好，有時令風土的滋味。

1

2

3

1｜豆雞要做得好看要有一點手藝。

2｜猴頭菇料理包是典型的素味，有麻油、香菇、薑三種食材來提味。

3、4｜烤麩也是典型的素味，素菜的食材以豆製品、小麥製品為多，烤麩或麵筋是小麥製品。麵筋是大眾最喜歡的素菜。

4

鹹甜發

做粄的理由

由冬至湯圓揭開序幕，進入準備做粄的時日，太陽在南回歸線那一天，北半球白日最短，如果幸運，那一天會有太陽閃現又迅速離開，短短的暖陽就能讓人雀躍，但是有一種說法又使人擔心，冬至好天時過年寒天又落水，你想要哪一種呢？

不過，無論是哪一種氣候，對客家主婦而言，從這一日起就要開始準備做粄了，鹹、甜粄、發粄和焐油錐仔或焐菜，倒不是說要馬上做起來放，而是搶著好天氣，把一年沒用的籠床拿來洗刷乾淨並晾乾，灶頭清一清，廚房洗洗刷刷，沒有好天氣，就會弄到哪裡都是濕氣，不爽快。

人類的祭神儀式中，東西方都有灶神傳說，

在台灣有漢文化中的灶神，客家人稱灶君（zo giun），臘月二十四要送祂回天庭，在這個祭祀的月份，會準備些牲禮，像是甜粄圓、紅粄或龜粄送灶君爺，讓祂跟玉皇大帝（天神）美言幾句。為此儀式，必須先清理廚房，讓使用了一年的地方，潔淨舒朗。

承襲這種精神，就有了帶著儀式性虔誠做年粄的習俗；清潔廚房，準備乾淨的食材，葷食跟素食絕對不能混淆，故所素食先處理再做葷食，做甜粄比做鹹粄更要小心翼翼，甚至會邊做邊說好話，至少我知道阿婆都會在心裡默禱，祈福，因為她不小心就會脫口而出讓人聽到，「嘴甜甜，講好話。」

尤其是在煠油錐仔的時候，這一鍋至少要煠六碗端到神桌上祭祖供佛；油錐仔類似芝麻球，以麵粉和蒸熟蕃薯仝（cibˋ，由上至下搓揉或擠壓）粄脆與二砂糖，再搓成圓球下油鍋炸，在大豆沙拉油還未成為主流食用油之前，想像用番豆油（花生油）炸，有多麼引人遐思。

做甜粄為祭祀，鹹粄滿足口腹之慾，鹹粄準確來說叫「鹹甜粄」，因調味不但有鹹的「熇配頭」也會放一些砂糖增添豐富層次，甜粄為了祭神必須等待過年的祭拜儀式結束才能吃，鹹甜粄卻可以一出蒸籠就先慰勞自己，並作為年節時招待客人的點心。

最傳統的鹹甜粄吃法是切長條形裹麵糊炸，講究一點的麵糊要加蛋打發，再放香菜增添香氣，用蒜白醬油沾著吃。至於可以久放到月半或天穿日才吃的甜粄，最華麗的吃法是，切七八公分方型薄片油煎，炒一盤鹹菜豬肉絲包著吃，算是和節慶告別。

當然最慎重其事的是發粄，關乎一年的運勢旺不旺，事業發不發達，發粄是真熱愛客家米食的人最喜歡的一味，看似簡單要做到滿意並不容易，就算現代的傳統客家主婦也不太願意做，做到好吃不容易，做到美更難，端看客家人叫發粄為「假柿子」就知道了。

發粄像個紅咚咚柿子有喜慶感，海風腔是「ki-er-」（柿子），四縣腔是「cii-e-」，如何能做到像花朵般的柿子，必須用在來米和蓬萊米混合，客語裡有個專有名詞叫剖粄，加烏糖與酵母，或粄脆，混合一起𠊎粄，再放陶缸裡靜置一段時間發酵，時間到了捏成團再蒸發（熟）。

如今，買現成的發粄方便，卻只能得到用省事的方式做的粄，市面上袋裝米粉、速發酵母加紅糖，用水攪拌後就拿來蒸，少了繁複的傳統工序就沒有地方風味，只是為了祭祀而已。

1

2

3

4

1 ｜桔餅甜粄。

2 ｜鹹甜粄裹麵粉炸，凡人無法擋。

3 ｜油錐子。

4 ｜現今做甜粄喜歡加紅豆，用煎的一樣好吃。

正來尞

人情不過請客吃飯

相較於久久一次的宴席，在日常中，三不五時地或固定的見面，約定一兩個月見一次的朋友，或兄弟姊妹女兒賊每週末探望父母的行程，這樣的家聚小宴加菜，才能真正反映客家人的飲食特色。

爸媽初二十六固定回老家拜伯公敬祖先，臨時起意要去看發生車禍有一陣子沒見面，晚一輩卻是兒時玩伴堂侄女；她隨手拿了一箱白蘭氏雞精卻帶回來一袋珍品桂竹筍乾，五月時節曬的筍乾，大部分人家都捨不得吃，包好放冰箱最底層，待到年底做拜拜或過年封肉才用。

即使不餘匱乏，客家經典菜餚筍乾炆爌肉或筍乾封肉也不會天天上桌，甚至並不經常料理這道菜，先不提繁瑣的程序和細節會讓人望而生

畏，擁有筍乾的過程就是一種技藝，竹筍要剝殼、煮熟、曝曬、滷製和保存，客家人的筍乾分為極度乾燥和帶有濕度的半乾品，而不管哪一種筍乾在炆煮之前都要泡水好幾個鐘頭甚至泡一整天去除鹽分並柔軟纖維質，誰家會沒事做這道菜。

我媽笑咪咪的帶回筍乾並警告不要大聲嚷嚷，但還是被經常關心彼此的親友知道了，「啊！這麼好，有筍乾喔——」臉皮厚一點就暗示，「下週來去看你們啊！」不分彼此的女兒賊姑姐妹直白的說出來，「等我回去。」這般乾脆利落吃定你。

親友三不五時的往來是支撐人際網路的核心關係，也是建構此生喜怒哀樂的基本要素，而我們大部分時候在廚房裡在餐桌上體現這樣的關係；比日常三餐多幾個菜或吃一點平常不會特別煮的菜式，就是我們建立情感的方式。

客家人吃飯要有桌心菜，亦即主菜，通常是肉類，白斬雞、切三層肉就是這樣變著花樣吃，湯一定要有，較為傳統花功夫的是用菜乾熬湯，當下應時的柿乾，放了半年的豆乾，蘿蔔錢或覆菜，各式經典傳統菜乾湯，像是柿乾雞湯、蘿蔔錢鴨湯或覆菜肉片湯，主人客人一樣都期待著正來尞。

正來尞（zhangˋ loi liau+）是客家人相見聚會離別時說再見的片語，正來雖說是「才要」事實上是「再來」的意思，尞是一種狀態，有休憩玩樂之意，卻無法這麼簡單明白，在客語中是豐富多意含的語彙，離情依依且意猶未盡。

學生或上班族最喜歡聽到應該是放尞（放假），這詞彙至今我每個週末都還會聽到，走在巷口或週六倒垃圾，打招呼的用語不是食飽吂而是「放尞囉」。而我最懷念的是小時候夏天的傍晚，晚霞絢麗如斯，和阿公一人一支扇子，臨暗

的火燒雲與鼻息玉蘭花香，是謂寮涼（乘涼）或坐寮（閒聊）

寮為什麼是休憩，或許可以這麼想，寮如寮，客家人簡便的屋舍有菜寮、豬寮或做山的人有「山寮」、「茅寮」或「草寮」，謙稱自己的屋子只是一間寮，你再來我家寮，過家寮叫做串門子。

寮避暑（放暑假）、寮天穿、寮年（放年假）時節要行行寮寮（隨意走走），等待下一回見「正來寮」。

第九章 花季春耕

① 濛煙水
② 一紮青菜
③ 花樹下
④ 等天光
⑤ 斷粢粑
⑥ 花布

濛煙水

行過春的口

濛煙水比牛毛水更細密，有時候更像一層霧氣，層層疊疊滲進鼻子，貼在臉上，眼角有濕意；交春日，若有這般濕黏氣息，一个春就像漂浮在迷濛幻境裡，感覺自己像仙人下凡。

水氣從東邊山稜而來，漂到丘陵之上流域之間，滋潤通泉草，藍豬耳來湊熱鬧，定經草好似地毯，過一個節踩了一年的的田脣/塍（tien shun/shin）就成了綠色小徑；客家人叫田埂為田脣，自家田地的守備範圍，當然是稻田才會這麼慎重築工事守護，站在上面可以看見盛了雨成了水田裡的照見倒影，此時又覺得自己是水仙，小心點，仆落去會成泥人，又有哪個農人會擔心自己滿身泥。

清晨鐵路山線自竹南一路蜿蜒向南，最先捱

到造橋站，月台邊幾棵肖楠猶掛晨露，掉不下來的潮濕無法蒸發成了珠淚；過了豐富等待高鐵急馳而過才看見菜園一畦緊著竹籬到苗栗，正月蔥二月韭，菣香不愁灶下有清歡；進到銅鑼尚未插秧的水田映照雲破蛋青，灰濛卻透亮，風勢猶在訴說清冷靜謐直到三義火炎山前，座落田中央的伙房燈火照射櫻燦爛，山櫻是Taiwan cherry 真正台灣原生種，又稱緋寒櫻，低海拔早開櫻花，原生種裡唯一桃紅花開低垂，家戶庭園栽一兩棵迎春應景，三義站前二月即盛放迎客，真正桃花源的春天。

濛煙（mung rhan`），也說濛沙煙，是桃竹苗山居春日風景，濃濃的霧氣似煙縹緲也像沙塵懸浮，客家人愛夢幻名景；天氣晴朗時七、八點就過了，冷氣團南下的日子，一整天霧濃濕氣重，綳到凝結成水就說濛煙水，深灰不見一手臂，開車要打遠光燈，一旦過火炎山到了泰安后

里，就不再見，中部大站豐原客家人，濛煙水不多見。

人造物不愛濕氣重，山川萬物有濛煙水滋潤才不致乾涸，根系維持穩固，一待陽光照見，蠢動萌芽，最接地氣的最早獲得養份，不知名的雜草野草最先知道，匍匐小花只要有一點光就能遍地鋪滿，堪比最精巧的手工織錦，待看到早開的山櫻，春天到門口。

濛煙水來，耕作的季節開始，要有水才能犁田方有水稻田，都說客家米食是客家人的傳統飲食，故此，春耕之於客家人自有別樣情懷，不怕春雨過分，擔憂望天與嘆需祈雨，春雨是歡樂的來源，一如日本人的春雨（はるさめ）是粉絲，此時，客家人的粉絲是刷（sod）蘿蔔絲打菜包，季末的蘿蔔全部拔起來刷絲先打一床鮮菜脯絲菜包來吃，剩下的才拿去曬菜脯絲，我們的季節限定，旬味莫過於此。

1｜濛淹水裡的水田。

2｜台灣山櫻正盛開，濛沙煙裡的三義火車站山櫻花佇立迎客。

3｜火車穿過長長的山洞到了大安溪畔，往東看上游雪山山脈猶籠罩在濛煙裡，下游火炎山出海口已是陽光燦爛。

一紮青菜

割韭菜的女人

春爛漫，抬頭櫻紅李白開正歡，低頭茶花鬧哄哄；此時鮮綠才珍貴，正月蔥二月韭，客家人有個詞「飽年飽節」，油脂太多需要清腸胃，平時當作香料來用的蔥韭蒜，這時節當作主角來用才真懂吃。

割韭菜經常用來形容女人的命運容易被操弄，無法自主等著被宰殺，形容詞有諸多衍伸，在股市裡被坑殺的散戶，多層次傳銷裡的下線，社會中無可奈何的弱勢者，都被形容成菜園裡容易生長，容易被割下來的韭菜；在料理上，韭菜大部分時後被拿來當香料或配菜，在客家菜中，煮粄圓時配的青菜，水粄仔的配頭添清爽用它，粄條和米粉不管是乾的抑或加湯，有了韭菜就增加滋味，變化口味學陽春麵加小白菜，或是蕒仔

（萵苣）和艾菜（茼蒿），都不如韭菜有口感。

一直當配角的韭菜轉身當主角正式上場的時候，就是非得有這一味才有滋味的料理，也只有客家女人才能辦到的精髓，在認識客家飲食文化之前，或許從客家人用量詞的方式來理解，更能清楚了解割韭菜來做菜的女人有多厲害。

漢語的「一把菜」、「一把米」是能通用的量詞，落在客語中就提高了層次，成為獨有的定配性量詞，哪一種事物配什麼量詞無法混用，一把青菜到了客語是「一紮菜」，紮（zad）有捆綁的意思，青菜要捆好一束才方便使用，一把米我們說「一扡米」，扡（rha`）是抓的意思，以動詞來描述物體被使用的方式，活生生的景象就在眼前，人生也變得有意趣。

用韭菜料理的客家菜中，最知名是炒血旺，炒鴨腸，炒腹內（下水），料理禽類內臟時非得用韭菜不可，此時看似內臟為主要食材，但沒有韭菜，腹內就嫌臭犨（腥羶），很難說以內臟為主還是韭菜為主，因為韭菜正盛的季節，買付內臟來配韭菜是比較常見的做法。

1

2

3

4

善於種菜的女人，何止割韭菜；把蔎香的配料當作主角來料理，是吃當令精華，環遊世界行旅他方，吃地方菜，追求各地的風土飲食，探索各個族群累積的飲食文化特色，於是懂得春天去英格蘭要吃野蒜扁豆湯，長江下游淮揚地區有薺菜餃子，而我們在家吃蒜苗炒肉或炆爌肉，嗜吃者都知道要先把蒜苗挾起來吃，一大紮蔥白香菜在雞湯裡逼出鮮味，是治療春寒料峭咳不停的良方。

1｜一紮青菜，正月蔥二月韭說的是吃當令。

2｜韭菜煎餅堪比韓式煎餅。

3｜韭菜炒鴨腸是客家人的私房菜。

4｜菜脯豬油粕韭菜花也是客家人的私房菜。

花樹下

植有花樹的菜園

庭院中的梅花早在寒冬就揭開序幕，待路邊櫻木花道迎接春到，果園裡的梨花先開，接著菜園裡李花白桃花紅，冬盡春來依序，台灣人看花時序大致如此。

梅、櫻、梨、李、桃，缺了唐朝詩人白居易〈春風〉詩中杏——「春風先發苑中梅，櫻杏桃梨次第開。」之外，其他都齊全了，島嶼位處副熱帶氣候，要看〈杏花〉（*Prunus armeniaca*，英文Almond Blossom）只得去看梵谷的畫，過年零食必吃杏仁果當作補償。

看花靠運氣，想像力無遠弗屆，客家山歌〈桃花開〉一代又一代變形傳唱，直逼人心的小調情歌容易轉譯又親近，桃花就在菜園裡，花開照面，抬頭思情，每一代人都能假借別人的故事，訴說自己的心情。

我們以時序和場所辨認春花之名，這一群薔薇科（Rosaceae）植物展開的春爛漫，到了三月梅花（*Prunus mume*）已盡，早熟的青梅甚至已經開採醃製，櫻花（*Prunus serrulata*）花種繁多、數量龐大，晚開的河津櫻和吉野櫻正盛，台灣原生種霧社山櫻在南投內地綻放，而最早開的山櫻已結果，正等著做山櫻果醬，櫻花瓣為白色情人節揭開序幕。

梨花（*Pyrus pyrifolia*）開是台三線上岔路小徑，優秀農人勤懇的痕跡，三灣和東勢是兩處聖地，高接梨花一撮一撮好似花店整好的花束，台灣原生種鳥梨花開似雪景，新埔和卓蘭最容易遇見。

李花白桃花紅是小時候住三合院印象最深的留痕，在春天綠意盎然的菜園裡，春風吹雪打下的花瓣，仰頭就能迎接浪漫到來，知名的杏菜李花便是印記；後院養鴨池中幾株桃花紅，納悶為何讓桃樹躲在角落裡，原來書裡常有桃花精奪人心魂的故事，周公鬥桃花女影響深遠，成了集體記憶。

李花（*Prunus salicina*），鄉村風景中最可喜的莫過於菜園，是在地人連結情感的重要媒介，每日黃昏在菜園裡交流是生活中重要的一刻，連結台三線的縣道，此刻一一二到一三〇縣道上，散落的菜園裡，仔細點就能看見一處風景。

桃花（*Prunus persica*）的愛恨情仇很難為外人道，相較於李花易散，奪人心魂一眼就能辨識，遠遠望去，卻也容易和櫻花混淆，但桃花單瓣俐落，大方直接表白，還是有所不同。

桃李花開是美，但農村仍有實際的考量，縣道上，季節一到就擺攤賣蜜李醃桃子，各家手法不同，開車走走停停也是郊遊的樂趣，但為什麼不一開始就蒐集起來做花瓣醬或者為甜品所用呢？

李花花瓣一碰就掉落不好使用，桃花色鮮豔容易採集，是愛情的條件，日本商人推銷白色巧克力的三月十四日白色情人節，也同時推出季節限定櫻花和菓子，利用大自然時序為生活增添情趣，不就是現代人生活中的寫意風情？〈春風〉的後兩句是「薺花榆莢深村裏，亦道春風為我來。」

等天光

在鴨卵青的陂塘

有水正有鴨仔，抑或有鴨仔正有水？是誰要報春江水暖，為此人們鑿陂開塘盡覽水色天光；先不論鴨子和水的糾纏，回到顧肚腹，當下讓人關注的是吃不到雞蛋吃鴨蛋，最貴重的雞蛋得要有像鴨蛋一般的淡青色，亦即客家人說的鴨卵青般的色澤，才算上等貨色。

該怎麼形容鴨卵青的色澤呢？詩人利玉芳說是「灰鴨春」，六堆客家人用鹹鴨蛋祭拜祖先，是謂鴨春，必須有春有剩才能子孫福澤延綿，春即是剩，於是詩中一派閒散富裕日常就成了，「偶爾籃仔肚囥著鹹魚仔、豬心、番薯、灰鴨春／有時白頭公粄、紅龜粄、蝦公粄、快菜」〈禮拜日个夜市〉這般詩情畫意。

鴨卵青是大自然的顏色，自是取於天然；

明朝科學家宋應星著作《天工開物》有〈彰施第三・諸色質料〉章談染色，記載要如何才能染出鴨卵青，方法是，「黃蘗水染，然後入靛缸。」黃蘗是可做中藥材的黃柏木，靛缸就是客家藍染用的大青染缸，為傳統織造用最多的顏料。

若再是無法想像，清朝滿人多隆阿曾描述過，「白之間毳衣如之，即今之湖水色，俗名鴨卵青者也。」清朝戰將各處征伐，自是見多識廣，一語說明清楚，然而白描無法訴情，不若我們的詩人有才情，直達心底。

等天光介唔單淨一個人／水池塘邊一群鴨仔、山野月鴿仔、烏鴉仔、細兔仔、細松鼠、樹木花草大家都在等待。

這是杜潘芳格的〈等天光〉，黑夜與白日之間的黎明是雲破天青，是鴨卵青初現，大家都在等待的天光是帶著灰的綠，而跨越時代轉換語言的詩人，等待天光又等來禁錮，用母語寫詩是底線再也不能退讓。

從前台灣人跟鴨子比較親近，吃鴨蛋也多於雞蛋，而客家人跟鴨子有一種特殊情懷在於陂塘，陂塘是流域丘陵上最詩意的田園風光；鄉村靜謐如斯，誰不想有一時安寧等天光，直至聽聞「鴨母嘎嘎，挑水淋蔗／淋蔗肚肌，嫁分憨箕／憨箕路遠，嫁分蟲憲／蟲憲油油，嫁分黃牛／黃牛不食草，嫁分該阿鱉嫂。」的熱鬧聲起，後生童稚玩文字接龍由此開始，沒有邏輯只求有趣，以及增加口給便利，童趣就是這麼樸素得讓人會心一笑。

《紅樓夢》中有「雨過天青」色，一種無限接近鴨卵青的色調，若再不明白就採取行動吧，煮個水煮蛋來看看，在蛋黃與蛋白的交界處，會出現一層灰綠色的薄層，科學家會說，這是蛋白中的硫化物與蛋黃的鐵，互相反應生成的硫化亞鐵，蛋在加熱時，蛋白中含硫胺基酸生成硫化物的蛋白質，與蛋黃的鐵相互反應，生成硫化亞鐵所致呈現灰綠色，這種硫化亞鐵有時會擴及蛋黃接觸的蛋白，蛋白pH質愈高，或加熱溫度愈高、時間愈長，灰綠色帶愈顯著。

如果有一天，熱切的想要一池陂塘，建議採一把客家明黃用的黃梔仔，再到山邊採一籃子大青，自己做一缸鴨卵青，念想。

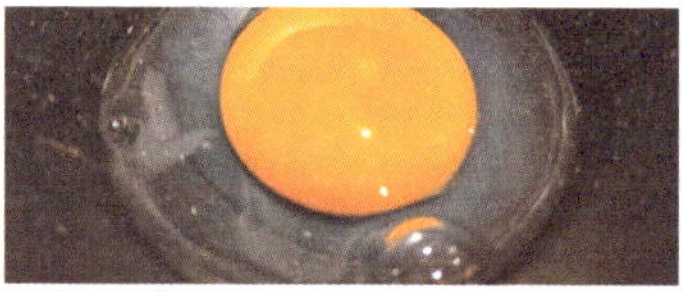

1｜鴨卵青的陂塘。

2｜鴨卵青。

3｜有看見蛋黃和蛋白之間的鴨卵青嗎？

斷粢粑

迎賓待客序曲

以前老是納悶為什麼他們聽到粢粑就很興奮，透露著撿到寶的喜悅，他們是指除了自己之外的所有親友，像是平常看起來斯文讀書人，年紀跟我媽一樣的大表哥，每年初一、過節，或廟裏做大戲就會固定到廟埕報到，跟一群大人小孩擠在一起搶錫盤上的食物，好不容易夾到一團，也不趕快放嘴裡，非得在盤子上滾個幾圈，沾滿糖花生粉，仰著頭一口放進去，滿足欣悅的神情遮都遮不住。

我常想要認證是不是客家人，就得先通過這一關，能不能一口吞下半個拳頭大的粢粑，我自認是沒辦法，而且不懂得粢粑美味祕訣，軟軟糯糯感覺會卡在喉嚨的一團粄仔，還沒吃到就覺得會撓人（nau`ngin）感覺喉嚨搔癢，除了客家人

應該都沒本事吞下去吧，就像不是台南人千萬不要挑戰沒去刺的虱目魚一般。

事實上，粢粑不獨客家人獨享，河洛人說麻粢，華語寫成麻糬的日本お餅（おもち）也是蒸熟的糯米食物之一種，台灣原住民有搗麻糬的傳統，阿美族叫toron，太魯閣族稱為hlama，台灣人以粢粑表達熱情歡迎，可追溯到三百多年前的「官廚未識都都味，首頂粢盤衆婦先。」這是一七二二年清朝官員黃叔璥被派來台灣考察，走到現今大甲溪附近寫了六首詩《漫記》其中的第一首，描述當年平埔族人的待客之道。

他的台灣漫遊錄《番俗六考》中，描寫台灣飲食莫不鮮美，尤其盛讚台灣米穀品佳質美，獨有的糯米更是前所未見，每到一番社都期待客人蒞臨時最先奉上的「都都」，他描述的都都做法——放入陶缸中蒸熟，曬乾後再搗成麴，若要製酒就再加入小米等待發酵，看起來就是客家人至今仍存在的飲食習慣，做粄、製酒與待客的方式，客人來了先端出粢粑填一填肚子。

粢粑是糯米做成的粄，糯米浸水一夜，再磨成漿，壓乾，蒸熟，放涼後斷成一顆一顆，叫斷（don、）粢粑，或許沾糖花生粉一口吞下很過癮，但我看過真正的美食家，是等在廚房中不畏熱就用筷子用力斷，斷不了就想辦法挖一大塊放碗裡，倒入一點薑汁黑糖或薑汁醬油，說那才是人間至美，管他吃相如何。

粢粑餳人（sia ngin）的誘人滋味，卻因地、因時才有歡聚的氛圍，講究的客家餐館多半能在飯後送上一盤，但不若麻糬容易買到，又因為更為軟糯不好拿捏，很長一段時間無法把台北街頭腳踏車上玻璃櫃中賣的麻糬和粢粑聯想在一起，直到有一次在美國生活同為客家人的朋友在台北街頭看見麻糬攤車，突然說起，如果在美國失業，就去賣粢粑，一定不會餓肚子，因為沒有什麼比這更能帶來滿足感。

確實，沒有親友歡聚的異國生活，吃一顆粢粑也能得到稍許安慰。

1

2

3

4

1｜客家餐館比較常見的飯後甜點，沾花生糖粉的粢粑。

2｜牛汶水又稱熝湯粢，做法和粢粑一樣，只是做得稍硬一點，冷熱皆宜，當作冰品也未嘗不可。

3｜疫情期間，為了在廟會中方便分送，現在的粢粑做得像糖果一樣好拿，成了時代的註腳。

4｜作成草莓大福的粢粑，裹較多粉，才不會黏手。

花布

收編集體記憶的客家花布

發表會場的長桌鋪上一塊張揚的紅色牡丹花布，上面有鹹菜乾、蘿蔔乾、桔醬或苦茶油，甚至東方美人茶；表演舞台上穿著花布仿客家藍衫或旗袍，唱著山歌子、平板或小調的男女參賽者，唱著客家調；國際自由車環台公路大賽的車手，到了浪漫台三線，會看到穿著大紅花衣的小學生鼓手、青春洋溢的拉拉隊員為他們歡呼，以「客家花布」當作各種門面，在二〇〇〇年客委會推動客家花布之後，無處不在。

提出倡議或創造傳統必須準備好論述並接受異聲，果不其然過沒多久，客家花布的身世就被找出來；包括一九五〇年代遠東紡織廠推出的花仔布的各種細節，包括設計、材質、花樣、價格等等，應對當年台灣社會環境的產出，一一被檢

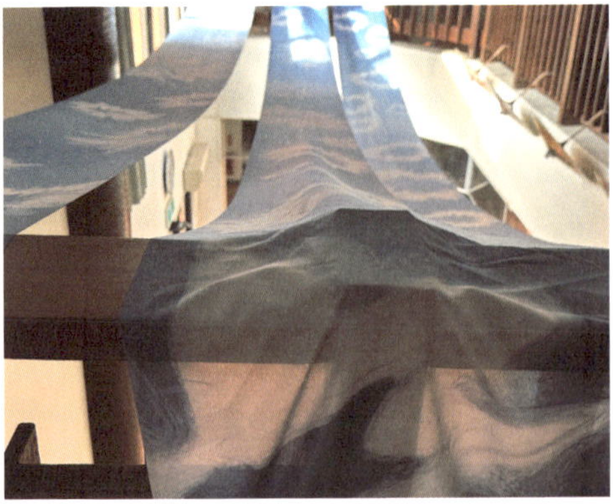

視，這款迎合消費能力，並揣測執政者品味，運用主流社會價值的圖騰，離當時的台灣執政者很近，離在地客家人太遠的美學，深入台灣各處，但終究成了集體記憶，因此，這塊花布依然要被稱為台灣花布或花仔布。

那客家人怎麼辦？還是得找出自己的花布啊，桐花花布出世，台三線上與淺山雜樹林交錯植栽的油桐樹日漸消減的實用價值終於找到出路，成為客家的審美觀點代表，但撇開圖騰和花語來看，也不過是把牡丹花、大理菊換成桐花罷了，在色彩美學和設計上，仍然是一塊台灣花布。

全世界的夏天都可以看到露肩花裙，夏威夷花襯衫仍是全球許多時髦男人最喜歡的一款休閒服，英國的小碎花，大朵張揚的法式風情，棉布印染花布的發源地印度的蓮花與罌粟花，波斯生命之樹，每個族群都有自己的花創造的花布，花語不只是心理測驗，還是國族圖騰象徵。

花布的歷史很長，可以追溯到中國織品刺繡和絲路源流，但我們也可以縮短只談現代印花布的發展，這是荷蘭東印度公司（VOC）和英國東印度公司（EIC），這兩個國家十七、八世紀所創造的貿易成就，商業迎合著當代消費者品味創造的社會風潮，而族群文化影響著織品底色、紋樣與使用方式，也就代表著族群精神。

印花布是一種消費者品味代表族群審美觀的商品，以政治手段先於商業目標的客家花布，真的能呈現族群的審美觀點嗎？顯然並不如此，才會有不斷地新的創作提出，像是六堆客家人以詩人曾貴海的〈夜合〉為意象的花布。

然而無法被商業運用就不能流風所及，成為物質文化的一部分，影響力有限就無法更廣泛地把自己的故事說出來並建立審美品味，以議題來創造的能量也會愈形疲弱。

誤把遠東花仔布當作客家花布推廣，事實上，可說是成效卓著的客家行銷事件，至今想要正名為「台灣花布」都不太容易，但客家人也不想要濃麗俗艷的符碼時，也成了推都推不掉的約定俗成既定印象。

舉凡時尚設計、紙杯、會議桌巾，都以客家花布意象做設計。

第十章 暮春入山林

① 艾粄
② 油桐花
③ 筍尖滾大骨
④ 桂竹筍
⑤ 竹筍湯
⑥ 菜脯
⑦ 蘿蔔乾
⑧ 老菜脯雞湯
⑨ 菣香

艾粄

一年之計在於人亼粄仔

小時候背唐詩，最喜歡「春眠不覺曉」，因為可以自行解釋為天亮了也沒感覺，繼續賴床不用上學，但往往春假的第一天就開始被使喚，幫忙看米漿磨好了嗎？不要讓它流出來，阿婆亼粄仔時會說口渴了，端一杯茶過來，我還滿喜歡餵阿婆喝水，只有這個時候可以作弄大人。

亼粄仔看似用手擠壓推揉事實上是用全身的力氣往前推，是所有客家粄的基礎，甚至可以說是粄仔个靈魂所在，很多客家人的靈魂食物是糯米製成的粢粑、粄圓、菜包，以及春之味艾粄（ngieˇ ban`），粄仔沒亼到就沒魂魄失去感覺。

做粄之前先要用糯米製成的粄脆，粄脆是將米泡過水後磨成漿再將多餘的水瀝乾，阿婆用石頭壓一個晚上，第二天再亼成團的手法讓人印象

深刻，講究的時候會增加一道工序，將粄脆分一半煮過，成了粄嫲（粄母），再混合个粄仔，手感有了粄的韌勁與柔性之後，才分成一顆一顆搓粄圓、做菜包皮或是蒸成盤，如此才會有台灣人講究的臬（khiu，發音似Q）彈，也是台灣人最愛的QQ的彈牙口感。

艾粄是在仝粄中加上艾草，菊科蒿屬植物，又稱灸草、黃蒿，是在野地裡遍生的植物，島嶼北部郊野，尤其是在傳統墓地週邊，清明時節正逢茂盛時期，艾草也是做艾灸的藥草。

掛紙掃墓講究儀式性，有了艾粄就有交待，把祖先慎重其事放在心上，完成年度義務。

清明時期掃墓的粄除了客家艾粄以艾草製作，河洛人則喜歡以鼠麴草做「草仔粿」（tsháu-á-kué），鼠麴草則是菊科鼠麴草屬，又稱清明草、厝角草，客家人說黃花麴草，也是田間野生的植物，氣味不若艾草強烈刺激。

春天另有一種常被誤會可以做粄的菊科植物，是客家人說的芙蓉（pu rhung，亦即蘄艾），蘄艾屬多年生草本植物，是近年來萃取精油做藥用的熱門植物，也是一般人到喪家會配戴的「青」，做為避邪之用。

客家人做粄，一年四季十二個月都能想出名目來展現技藝，艾粄打頭陣揭開序幕。

1、2｜艾草和鼠麴都是春天的植物，傳統上客家人用艾打粄，河洛人用鼠麴在粿。

3｜蘄艾是精油萃取熱門植物。

1

2

3

油桐花

記她的千年勞動

看花之前，它可以是火柴棒；看花之後，它可以是油紙傘，癡心的人等著看花開，千年油桐佇立長存。

朋友傳來一篇以油桐花做果凍的應景文章，料理照片是一張被西洋菜和明膠封住的千年桐盛放的小花，想寫個讀者投書——油桐花雖意含豐富花樣清新，萬般欣賞都可，就是無法當食材用，一種植物千般好，當然要演化出防衛機制，發展毒性保護自身實屬必然。

浪漫台三線上五月雪盛名，與其說是在地的人的印記，不如說是觀光客的印象，事實上，身在其中的人不會有風景印象，較多的是在有油桐樹的雜樹林中勞動的深刻體感，或者因為有了這些刻意引進的外來種樹木，改變了此地的經濟，

讓生活有所期待。

第一次知道「油桐樹」這個名，大約在小學三四年級，一九八四年前後，一天拿著童話故事書和姐妹們在亭仔下共讀，正讀到〈賣火柴的小女孩〉，附近經營成衣廠的伯姆看見並停下來看小女生們在玩什麼遊戲，她指著故事書的插圖頗有感觸並跟後生憶往。

提到自己小時候，被長輩要求負責提著很重的米去跟人交換很輕的火柴，那時候火柴比米還貴重難得，但她很高興自己能擔負這任務並達成，因為火柴很輕，拿著不費力，可以輕鬆愉快地回家，當下順口帶到一句話，「火柴是用油桐樹做的，你們知道嗎。」她帶著微笑期待的探問，讓人印象深刻不曾或忘。

台灣八〇年代盛行的口號有一句是「家庭即工廠」，但真有經歷的人並不算多，反而隨著大型成衣廠或陶瓷廠起落，在聚落裡的小型家庭式工廠依附而生，一群踩裁縫車或拉紡織車的女性勞動身影，成了一種集體記憶——家族裡總有一兩位女性，不是在成衣廠幫忙就是經營小工坊事業，尤其是在日本時代上過公學校，去新娘班學烹飪、裁縫，想利用技能幫忙家計的長輩，在擺滿機械的大空間中，教導坐在整齊排列機器前的年輕女孩，來回拉線，發出劃一的聲響，展現了一幅數大便是美的力量，烙印在腦海中；或許她們可稱為第一代大規模集體勞動的台灣婦女。

就在女性長輩回憶火柴的故事後，跟在後頭聽到油桐樹觸發情緒、在工坊做裁縫的一位阿姨接著話頭說，自己休假空閒時要妯娌姑嫂大家一起去撿油桐子。小孩子不知道油桐子為何物、做什麼用，更不了解這是塑化業發展前，曾經輝煌熱門的重要物產，也是日本時代被引進台灣，稱為「千年桐」油桐樹的重要原因。後來爬梳資料得知那年代的婦女在淺山雜樹林裡撿一公斤油桐子，可以賣到十元左右，當年一斤（六百公克）白糖約四元，才恍然明白這群做雜工補貼家用的一代客庄女性，撐起多麼大的桐油產業。

待到我輩，在油桐失去經濟作用之後，除了在初夏時節偶然抬頭撇見山頭一抹白，只有在家政課中為了做一朵最簡單的油桐人造花交作業，才會記住油桐花的細節。客庄的國中女生家政課多有做人造花的課程，一是維持藺草做紙、摺紙花的傳統，另一是做絲襪花，手拙的同學最後都會被無可奈何的老師要求做最簡單造型的油桐花打發，簡單的白色五花瓣，黏上紅色的花蕊，再怎麼笨的女學生都做得出來交差。

台灣常見油桐有五六種，均為外來引進，賞浪漫台三線上的油桐花，看的多半是千年桐，也是最具經濟價值的油桐樹，種植面積達到上萬公頃，極盛一時；造就客庄五月雪的印象。

筍尖滾大骨

擎手答有說我要

桂竹筍

如果十八世紀的清朝官員聽過客家人說，「擎（kia）去桿棚下」時熱切的神情，一定不會對台灣筍有諸多嫌棄。客家人的桿棚是河洛人的草埒，割完稻後紮草曬乾，一捆一捆堆起來的稻草堆，雖然現在已經很難見到，卻是上個世紀八〇年代之前的台灣農村景象，也是那一代人的集體記憶。

擎的當然是熬竹筍湯的大骨，擎是舉的意思，舉手回答叫擎手，狗仔擎骨頭轉頭就跑，人亦如此，為

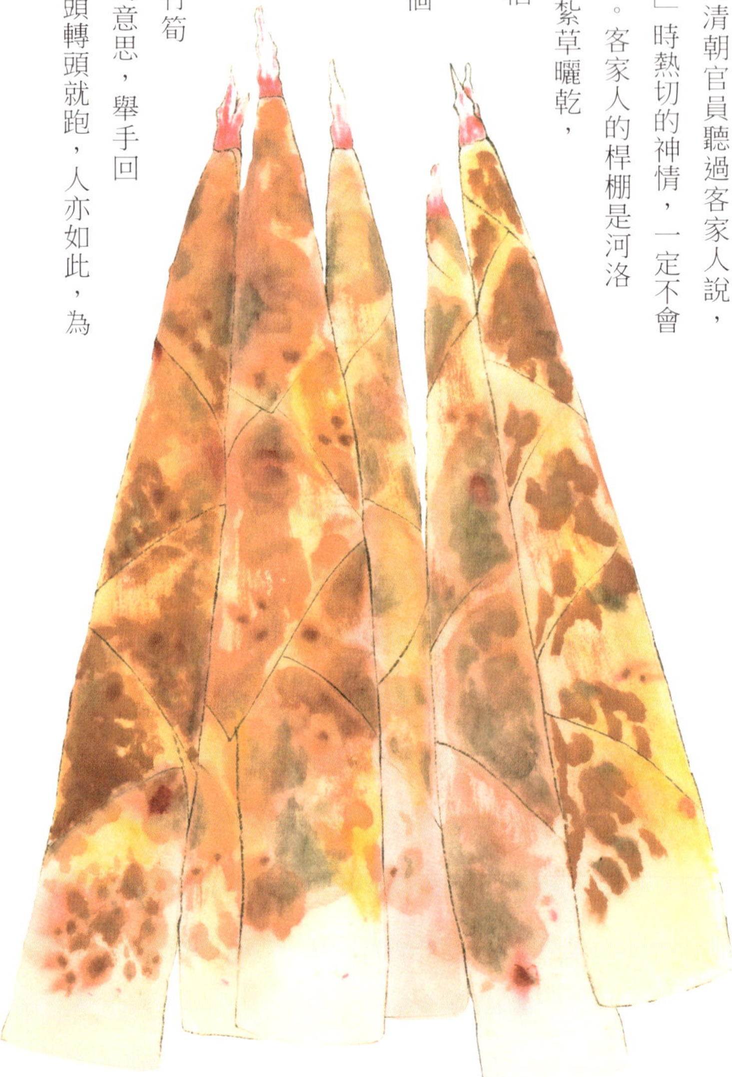

免被搶，拿到要趕快躲到桿棚下啃，大啖美食不用顧君子之儀。

若真無法想像，找一幅法國印象派畫家描繪的麥田豐收來看，像是米勒或梵谷深植人心的《午睡》（noonday rest），在桿棚下小憩，安撫早上勞動的筋骨，而台灣人就是把剛滾過新挖的桂竹筍，大骨取出仔細優雅的啃乾淨，如此心滿意足。

現今，竹筍是島嶼風土代表性食材，但是在三百多年前，除了一七一七年周鍾瑄負責編纂的《諸羅縣志》對台灣原生種筆（桂）竹筍稍有讚美，「惟竹塹岸裡產筆竹筍極美，或曬為乾；不可多得。」其他初次來台的巡察官員，像是寫《台海使槎錄》的黃叔璥就認為，「生筍不出叢外，皆不堪食。夏月，街市亦有煮熟肩賣者，味酸苦，難以充庖。」綜合看來，除了新竹到台中神岡一帶產的桂竹筍很美味之外，台灣的竹筍又酸又苦，很難拿來料理。

我相信當代的台灣人沒有人吃過又酸又苦的竹筍，只有問，「有不好吃的竹筍嗎？」甚至會問，「有人不愛吃竹筍嗎？」而我敢肯定客家人會回答，「沒有人不愛吃筍。」用兩個否定來否定兩個否定疑問句是最高級的肯定，但有個北台三線客家人的私房肯定句是，「沒有人不愛桂竹筍。」

如果說箭竹筍是大屯山區的名產，桂竹筍就是加里山區的特產，就像挑剔的清朝官員也不敢否認桂竹筍，極美，曬乾的尤其不可多得。那是因為清明過後端午之前兩個月左右的產期，挖下來就煮光了，客庄那兩個月豬肉攤的大骨，必須預訂才能買到。

而所有的竹筍中也只有桂竹筍的筍尖最恰當，仍有筍衣包覆的筍尖，箭竹筍太細，其他品種太短，只有桂竹筍的筍尖夠長夠肥厚，有足夠的份量可以滾一大鑊頭的大骨，最好連豬頭肉都能買到一起滾，唯一的問題是要有大灶。

這是一個沒有伙房失去大灶的年代，沒有大灶豪邁的滾煮，也就不能煠豬肉、雞和鴨，所以也沒有肥湯可以炆筍乾，客家人的宴客菜四炆四炒，炆爌肉、炆鹹菜豬肚湯、炆菜頭排骨湯沒有大灶還可以想辦法小鍋煮來解饞，但是炆筍乾沒有用大灶肥湯慢慢滾，恁是不夠味也不道地，因此，趁新鮮用幾塊大骨滾一鍋鮮筍尖，應時吃旬味最好。

還在竹林裡的桂竹筍，但已過老，待成竹。

桂竹筍

吃桂竹筍的方法

「我岳父帶著大钁頭，現拗現煠——」到底是什麼能讓人在林地裡就地升火，迫不及待，拗（au`）斷了就煠（sab`）煮起來。

「殼剝好唉，趕緊去燒水——」此時，最神乎其技的一道風景是剝筍殼（hog），手巧的人兩個手勢完成一條乾淨漂亮的筍，動作優雅毫不費力。

「天光日个大骨留分佢——」明天的大骨留給我，指的當然是豬大骨，精確的說是豬後腿的大髀骨，那種中間有洞、有骨髓有油脂，有了它鹼性的竹筍能變溫潤。

穀雨前後，在客庄起此彼落的此種對話，只能是為了搶鮮桂竹筍；覆菜一瓶，大骨幾塊的叫炆桂竹筍；覆菜幾許，三層肉準備好的是炒桂竹

筍，覆菜一點，醬油、麻油幾瓶輪留下的油悶桂竹筍最精緻，在半個月內變著花樣吃，一年僅此一次的筍味。

要成就經典料理就要講究食材，哪裡的桂竹筍，哪一種豬大骨，三層肉哪一段，什麼年份的覆菜，素食該放幾種調味，醬油三種如何下，要用偵探精神佈局，來一場食物設計，然而這些經典名菜在還沒有被分析料理之前，早就在客庄以儀式性的季節巡禮進行了上百年，最早開始的那一餐或許真就是在竹林裡就地起火，煠熟煮食。

竹是禾本科的植物，雖然像樹木一樣多年生卻是草類，早在第四紀冰河期二百五十八萬年前就存在於地球，換句話說，桂竹比泰雅族人、賽夏族人或客家人，更早來到浪漫台三線上，追溯竹的族譜讓我們得知客家人吃桂竹筍的行為就像新石器時代的人類一樣，以採集食物為生，展現自食其力的本能。

台灣人吃筍，除了箭竹筍和桂竹筍，其他種類的筍，來源大多為農夫耕種經營的成果，因此，吃桂竹筍是客家人在北台三線上的採集行為，雖然山林土地差不多早已被劃為私有，但地上的桂竹純屬自然生成而非農耕植栽，即使桂竹是僅次於麻竹的最大宗的經濟作物，某種程度上依然共有，至少在精神上是山林土地的資產，人類只要謹守取其所需就能與農作管理的疏伐意外地若合符節。

客家人落地生根，熟悉環境經營生活條件，以採集食材發揮的傳統菜餚，成為經典名菜，最知名的當屬覆菜桂竹筍，還有像覆菜炒蕨或蘿菜炒雞肉菰等等，都是附地生活的痕跡；桂竹筍鮮採料理菜單一長串，較為特別的是素油悶筍，結

合了精緻素食的所有元素，旬味、手藝與地方菜的風土精神。

素油悶桂竹筍料理；端看材料就知吃本質、看手藝來展現的一道菜。食材取細枝桂竹筍，過大支的留給大骨熬才夠味，暮春正要勃發的紫蘇，除了做紫蘇梅，其餘的就讓給桂竹筍了，蓋筍雖性冷但不適合加薑，筍加了薑會有苦味。料理手法是先用植物油翻炒，續加濃色醬油再炒，淋一些水加較鹹的生抽（淡色醬油）與麻油，同時下切細紫蘇，蓋鍋悶煮，起鍋前再淋有點甜味的白醬油，乘盤，喜歡白芝麻可一把撒下，上桌。

1

2

鮮採桂竹筍這麼吃，浪漫台三線上追隨素食風潮的時尚人士，盡可不顧形象整碗端去。

1 ｜素油悶筍。
2 ｜素油悶筍食材與配料

竹筍湯

簡單而深邃綠竹筍

伙房讓你念念不忘的是哪位？有人愛屋頂黑瓦有人要磚牆，禾埕可以玩耍天井打水仗，坐在亭仔下吹穿堂風還是走到竹籬旁被大風吹，顯然「圍牆背生个竹筍」——外甥最好玩得人疼。

一七三三年（雍正十一）在今新竹市「始准植竹為城」，竹塹城由此而來。台灣人三百年來，大自地方以種竹為城牆劃定邊界，小到伙房家屋種竹守護家產，利用容易繁殖散生的竹子，從成排一列到一片密林，成為我們熟悉不過的地景構築起生活的面貌，並凝結到恆常久遠的飲食文化裡。

喝的竹筍湯，毫無懸念是綠竹筍，這種可以讓人變得毫無慾望也能激發想像力無限，愈簡單愈深邃

的佛偈最適合形容綠竹筍，都說竹香清雅，竹筍湯喝的是沁人心脾，深入骨髓，這種文學語言很難體會，但看追逐飲食本味境界的人怎麼喝竹筍湯，跟著體驗一二。

我爸的綠竹種在菜園邊，最是減省方便，季節到了，一早去挖三四條，就是今日例湯，可以燉排骨，可以加幾片覆菜煲湯，最至高無上的作法是直接清水煮，台灣文學裡永恆的少女偶像《千江有水千江月》裡的貞觀說，吃粽子就一定要竹筍湯來配，想來是作者蕭麗紅的飲食心得。

聽過最極致的是帶著鍋子上山，最好可以取得山泉水，在山上一挖起來，煮水剝殼同時進行，去山上挖的就不會是三四條，有的現煮現吃，有的連殼一起煮保留筍殼香，夏日最甜美清爽的竹筍沙拉莫過於此。

綠竹地下莖合軸叢生，竹筍自側芽爆出，採集綠竹筍得在清晨，熟巧有經驗者能夠判斷哪裡有筍何時開挖，土微微隆起有一絲裂縫就是，趁筍尖未出土前用鋤頭或鏟子挖，因是人們追求筍的質地在於肉質細嫩清甜，必需仍埋在土裡，筍尖尚未出土才能保持。竹筍離土，纖維即開始老化，飲食之人追求口感細緻，味道清雅，善烹者知道要在採收後迅速烹調，如若做不到則要快速降溫，用冷水浸泡讓纖維延緩老化。

就算不講究的日常飲食，一但遇到綠竹筍也會成為龜毛之人，所有可食的竹筍，麻竹筍太粗獷，烏殼綠竹筍不夠細緻，孟宗竹冬筍產季已不需要清涼降火，只有綠竹筍湯清爽可喜，夏日最涼快的一道風景。

晚近查找綠豆的資料，知曉綠的變體字由來，又巧聽到我爸挖竹筍回來時高興的說，今天有「liugˊ竹筍」，灌頂般的醒悟，夏天每隔一兩天就要喝的竹筍湯就是頗負盛名的綠竹筍，客語綠（liugˊ）同古漢字箓（音同陸），小時候聽大人講「liugˊ竹筍」，我一直以為是陸竹筍，在陸地上長的竹筍，有時也會想真是多此一舉，難道竹筍要長在海裡嗎，又以為是六竹筍，六月開挖的竹筍，原來都是誤會一場。

1

2

3

1｜綠竹筍清湯最高。

2｜與客家覆菜煮最甘甜。

3｜竹筍講究清甜，只有一挖起來就下鍋才能保存最細嫩的質地，否則一分一秒流失清香氣味並且纖維老化，失了爽口。

菜脯

風和日麗曬蘿蔔三重奏

很長一段時間沒有意識到客廳裡的「好采頭」屏風跟蘿蔔（lo ped）有什麼關係，更不會聯想到菜頭粄（coiˇteu banˋ）覺得這三個字也未免太簡單了，不過是草書的流線型體有意趣，直到無意間發現屏風底的雕刻線條是條胖胖的蘿蔔和繁複的葉子，才突然想到要問，為什麼我們講蘿蔔乾（lo ped gon）和菜脯絲（coiˇbuˋsiˇ），同樣是蘿蔔曬乾卻有不同的說法？

一般說法是四縣說蘿蔔海陸腔講菜頭，但我們家講海陸但菜頭抑或蘿蔔，是依食材的形狀，料理做法，甚至是處理方式不同而異，像是菜頭粄大部分時候不會說成蘿蔔粄，蘿蔔錢煮鴨湯是需要點訣竅的料理菜只說成蘿蔔錢，蘿蔔乾炒配頭抑或炒菜脯都是為了處理配料，菜脯絲煎蛋依

情境有時也說成蘿蔔絲煎卵，菜包、大粄圓絕對只用菜脯絲抑或蘿蔔絲來做，用其他菜脯做的絕對不爽口；諸如此類的角色互換遊戲連菜脯抑或蘿蔔自己都昏了頭吧。

蘿蔔曬乾成菜脯並不是客家人獨有，甚至不像芥菜醃製曬乾取得客家人最大的共識——就一個名字「鹹菜」。然而用來指認是否為鄉親倒是足足有餘，兩千年前後，新一波的台灣人意識用更生活化，更大眾流行的飲食方式掀起浪潮，吃台灣菜或是台灣菜新吃法就是其中一種，那時流行到青葉或欣葉吃菜脯蛋、鹹蜆仔或鹹水雞，標榜為客家菜的餐廳也順勢在台北開起來，客家小炒和白斬雞是菜單基本款，當然一定有特別標注的「客家菜脯蛋」，與台菜餐廳的菜脯蛋稍微不同的是，分為蘿蔔絲菜脯蛋和碎蘿蔔乾拌碎肉的菜脯蛋兩種，價格稍有差異。

有一次和同事在欣葉聚餐，幾個人都剛從美國唸書回來，念東岸常春藤名校的前輩吃了一口菜脯蛋就說怎麼用蘿蔔乾，我馬上反應問，你是客家人啊，果不其然讓她開始回憶小時候被使喚切蘿蔔曬乾的記憶並能詳細的描述細節，曬蘿蔔乾太陽不能太大，有風最好，日光強烈的日子，會被臨時叫去收回免得變柴，「曬蘿蔔乾就像是日光與風的追逐。」前輩雋永的句子讓人忘不了，好似能聞到記憶中的氣味，蘿蔔乾用嗅覺記憶香氣而永恆。

「切蘿蔔的時候都切得很大一塊，這樣才比較快切完，但是苦工在後面，曝曬時間愈長被使喚的次數愈多，印象中有一年天氣不好，一兩個星期書讀到一半被叫來叫去，覺得時間長到過不完。」前輩說先甘後苦並不會得到教訓，因為

幫忙醃水蘿蔔時一樣切得很大一塊，一點都不入味，不然就是變得一點都不脆。

回憶上個世紀八〇年代中學生的家務幫工如若詩意，回溯到更早之前則會讓人歎為觀止，日本時代文化協會成員，曾在民報擔任記者的新竹仕紳黃旺成，雖是商人家庭，但每年陽曆一到三月間的日記常有曝曬菜脯的紀錄，一九三〇年三月十七日中有，「玉早上買菜頭二百餘斤／大曝菜脯」，二百餘斤應該可以堆成小山，必須要用小發財車來載，沒有小貨車的年代一個家庭做這麼多菜脯，台灣人強大勞動力積聚的力量，真不可小覷。

島嶼火炎山以北的物候，想來此際正是往復「亼蘿蔔乾」而讓人記憶深刻，也是重要的風物製作時間點，一群婦人家亼蘿蔔乾的畫面無疑是鄉村風景的經典印象，在那之前，我有個鮮明的記憶是阿婆跟伙房伯婆叔婆們，站在好幾分地的田埂邊，遠遠看去一片淡紫小白花甚為壯觀，他們正在討論要不要拔起來，還是任由它打田作肥料，當時不知道那就是好幾百公斤可以曬蘿蔔乾的蘿蔔花海，在秋收割稻時順道撒下種子的成果。

都說菜脯就是台灣人的菜乾，台灣人說菜脯說的多半是蘿蔔曬成的乾物，如何辨認是客家人曬的還是河洛人製作，以形狀和品種來分多半不會錯，品種有圓胖大條的梅花，粗長條的杙仔，像酒瓶一樣的矸仔，以及美濃特產白玉蘿蔔。

因此菜脯大致可分為，北客有切成條狀的蘿蔔乾、片狀的蘿蔔錢和刷絲的蘿蔔絲有時也說菜脯絲，南客的白玉蘿蔔雖然較為細長，但仍切條狀曬蘿蔔乾，老菜脯盛行後才有整條醃製存放好幾年的寶物。台灣大宗製作菜脯在中部雲嘉地區以布袋聞名，閩南菜脯種類更多，有大條的蘿蔔整條不切曬成條仔脯，較小的蘿蔔叫人蔘脯，對切曬的叫中脯，切成細丁碎粒狀的是碎脯。

1

2

3

4

如果說鹹菜是客家人料理做菜的靈魂食材，菜脯就是做粄不可或缺的配頭，客家粽沒有蘿蔔乾，放再上等的爌肉香菇或鮑魚干貝都沒用，菜包沒有菜脯絲就不叫豬籠粄，不管哪裡的客家人都愛的水粄（碗粄）、東勢獨有的蝲蝳粄，甚至艾粄、菜頭粄、鹹甜粄……等等，菜脯是辨認是否為客家米食的關鍵線索。

1｜在橋欄上曬蘿蔔乾。

2｜蘿蔔錢。

3｜曬蘿蔔絲要大面積攤平，因此在鄉道田脣邊就曬起來。

4｜裝蘿蔔乾的甕。

蘿蔔乾

當我們真情流露時

外國人最喜歡哪一道台菜？或問他們心目中的台灣美食是什麼？二〇〇七年曾經有一場「外國人台灣美食排行No.1票選活動」，其中台菜桌菜的第一名是菜脯蛋，這場由經濟部主辦的行銷活動，將各式飲食、小吃納入選項，讓台灣人的家常菜、休閒小吃躍上檯面，得到關注。

菜脯蛋讓人印象深刻，除了食材容易取得、可以快速上桌，是台菜餐廳的必備菜單之外，對餐廳經營者、廚師，甚至是每一位台灣人來說，心目中都有一道自己的菜脯蛋，像是台三線上的客家人用的是菜脯絲而非蘿蔔乾，那是一道典型媽媽的味道，如此簡單樸實，只比荷包蛋多兩道工序，幾乎會開火就能做的一道菜，卻收著人們各自的心情與心事。

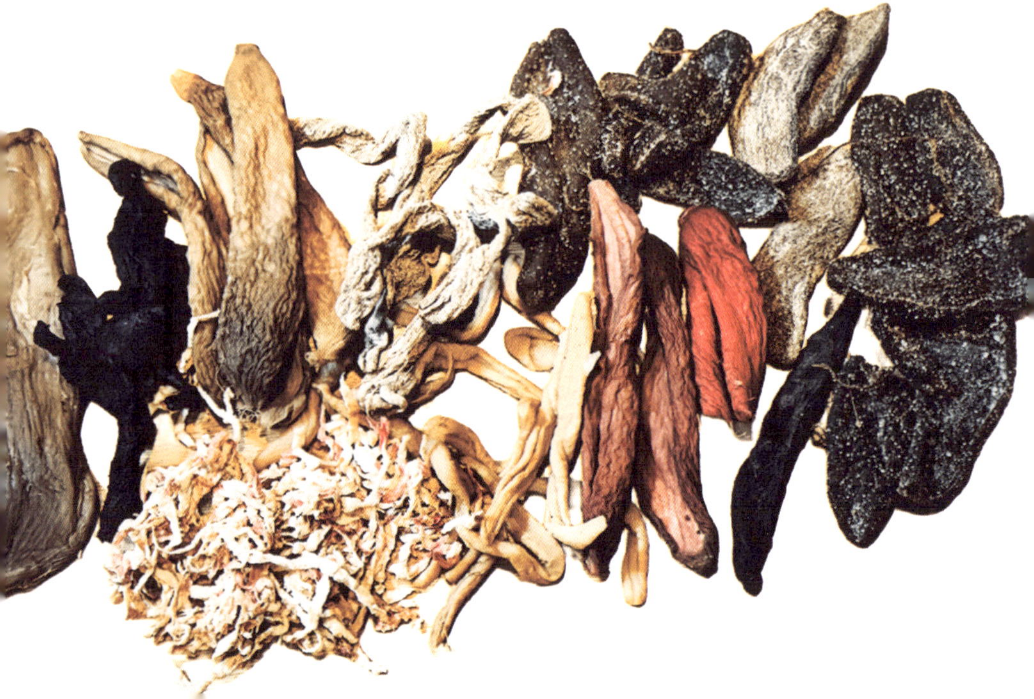

台灣史上最知名的菜脯蛋莫過於一九四〇年代，台北人王井泉在大稻埕開的山水亭菜單上的招牌選項，是二戰末期物資匱乏的明星餐盤，是餵養當時台灣藝文圈重要的一道菜，有台灣第一才子之稱的客籍作家呂赫若，在演劇社排練完之後，就上樓吃個刈包、菜脯蛋結束一天，白色恐怖時期，王井泉撐著經營讓餐廳不歇業，來避難、跟他借錢度過難關的知識份子，能來此吃上一盤菜脯蛋，也表示人尚活著，倉惶倥傯人生中的小小安慰。

因此，在兩千年前後的本土化運動浪潮中，可以在飲食中「認識你自己」進而彰顯自身的價值，精緻台菜餐廳端出最為代表性的一盤菜脯蛋，並不是隨意之舉，「吃菜脯」之於台灣人自是有深層的意涵。

一九三五年台中新竹州發生台灣歷史上第一次有紀錄七・一級嚴重大地震，也稱為「關刀山地震」，震央在三義鯉魚潭附近，現今中部的台三線都是重災區，當時霧峰林家號召救濟，募集物資，其中有一項是菜脯，林獻堂在《灌園先生日記中》紀錄的賑災物資，「買米四千五百斤、小鍋百口、魚脯百斤、菜脯十斤、舊衣服二百三十領。」面對頹垣殘壁一碗稀飯裡吃到幾粒菜脯碎，人生也沒這麼苦澀難捱。

菜脯蛋溫暖了台灣人，而客家人有一道更能代表刻苦卻細緻的蘿蔔乾美食，蘿蔔乾炒豆豉豬油粕，這是客庄餐廳的私房菜，是家裡煎豬油的那一天，瀝乾的豬油粕，加豆豉或米醬（味增）炒切碎的蘿蔔乾，比舊時台鐵便當裡當作下飯配料的豆豉蘿蔔乾多了一點滋潤味道。

菜脯既有多種形式，切成不同的形狀有不同的名稱，雖然我對要說成蘿蔔乾抑或菜脯偶有糾結，但在料理上，閩客大異其趣、各有不同的脈絡意涵，為此卻常感到莫名歡喜，我們對事物的

分類能夠切分得愈細微就表示意涵愈豐富，愈能掌握地方風土，深入肌理。

客家菜脯更是如此，在種植時就開始分類，台三線愛種「金嬌仔」（小蘿蔔）而且喜歡偏青皮，關山人也種金嬌但喜歡紅皮，苗栗市種「雪蔔」（梅花類）是為了曬蘿蔔乾，東勢人愛長條形的「矸仔」，各種語彙從種植起始的「个大蘿蔔」、「大等个金嬌仔」，到再製曬乾的「蘿蔔錢」、「蘿蔔乾」、「菜脯絲」，更不用說成了料理食材的菜脯，蘿蔔乾菜脯絲做的粄，燉湯炒配頭，長長的名詞從A到Z，可寫成一本小辭典。

這些一一講就停不下來的名字，除菜脯蛋知名，客家菜中較為精緻的料理是蘿蔔錢，蘿蔔錢既切成紙片狀，發音上又曰錢，當是受歡迎並以做大菜來對付，燉蘿蔔錢鴨湯或雞湯，是平價食材精緻料理的代表，因為手路菜需要真功夫，要能對食材有理解，才知道要加什麼配料、幾年的菜乾，哪一品種的雞鴨，甚至平常日子裡拿來炒肉片，都要講究是不是梅花肉。

1

2

3

4

至於產出最多的是菜脯絲，幾乎是為了做粄而曬製，是客家米食的靈魂，各類客家粄，除了粽子和水粄用蘿蔔乾之外，菜包（豬龍粄）、大湯圓、艾粄，甚至粄粽都要用蘿蔔絲炒配頭才經典，尤其是粄粽，用了菜脯絲才能說是正宗客家粄粽。

1 ｜水粄。
2 ｜菜脯蛋。
3 ｜菜包。
4 ｜菜包裡的菜脯絲。

老菜脯雞湯

遺忘的比記憶更長

單寧（tannin）有點特殊的氣味，很難具體的形容那股好似會沁入鼻子裡的味道，不過喝紅酒的人，為了表現自己懂紅酒，會以丹寧的澀酸味來判斷這支酒的年份、產地、價值等等，大約十五、六年前，老菜脯被推出來當作珍貴食材的熱潮，讓食品營養研究領域開始分析這塊黑黑的老菜脯到底有什麼魅力，大部分的數據都顯示，蘿蔔經過日曬、鹽巴和重壓之後，鐵和鈣的比例會增加，並含有微量的丹寧或說鞣酸，這種成份會發出特殊的氣味，尤其是時間愈久味道愈明顯，因此說是陳味。

現今老菜脯雞湯被視為客家菜中難得的經典菜色，而傳說中的食療功效被說得如人蔘般的神奇，菜脯和人蔘確實長得有點像，若以科學的觀

點來看，都是蘊含複雜多種難以細數成分的物質而有價值。

然而，事實上台灣人吃老菜脯的時間並沒有想像中的長，經典菜餚更是新創的料理，是因為發掘了「老事物」而變化出來的新飲食，甚至時間或許不會超過二十年，不過是這個世紀初才出現的新敘事而已。

二〇二〇前後，隨著九二一地震即將二十週年，剛出土的老菜脯諸多驚奇故事被挖掘出來，其中，以取出在房子角落存放的老甕揭開封存的記憶為開端，似乎成了不錯的說故事題材，在那之前，也有幾則老菜脯的故事讓我們開眼界；多半是經營老菜脯的商號，因為在阿嬤的床底下找到一九六〇年代存放的罐子，而展開復興家族的旅程，像是二〇一九年有一則新聞，回老家繼承老屋翻修時發現了發黑的老菜脯被識者稱為黑金，引發熱議，這些故事引發地方創生團體想像，鄭重其事地進行大規模保存計畫，最轟轟烈烈的是台東關山農會，乾脆正式開個老菜脯銀行，不但尋找蒐藏老菜脯也開始讓人寄放要變成老菜脯的蘿蔔乾。

我家確實有幾罐小舅媽遺留下來的老菜脯，根據我媽的記憶是某一年親友相約去春耕前的稻田裡拔蘿蔔，那是個風調雨順的豐年，連隨著割稻機散播的種子都長得好，客家人做菜脯乾要切條，然而大面積隨機播種的蘿蔔總是比較小，他們也不管，拔了幾百斤，有些沒切就整條曬了封存，瓶瓶罐罐多到來不及吃被遺忘在角落裡，我媽說，年紀跟他小兒子差不多四十幾年，一九八〇年代，台灣人在努力衝撞過後，正準備迎接解嚴，一個走向開放帶來新視野的年代，角落老甕積灰，哪有時間關照。

本土化運動在新世紀終於有了新面貌，九二一之後面對破碎的土地，有人以修復的觀點看待，有人用挖掘的方式找新生，飲食文化的課題，除了回溯經典菜餚，也因為更開放的視野將老菜新作，菜脯是傳統食材，老菜脯雞湯卻是創意新料理。

在菜式上，最常使用的是兩種不同年份——三年或五年的菜脯搭配冬天剛上市的菜頭，在旬味裡添加陳厚底蘊，這是還沒發現二十年老菜脯之前，廚藝的巧思妙想；有了真正的老菜脯之後，就多了養生治咳功效，價值再上一層。

白色的菜頭，曬過後是土白色，放了三年是土色，五年十年會成為褐色，都說黑色老菜脯要有二十年以上才會黑得發亮，也才能被稱為黑金。

1｜老菜脯雞湯的重點是喝湯，雞肉菜脯不過是湯底而已。

2｜追求旬味也是老菜脯雞湯精緻之處，冬天吃剛上市的菜頭，初夏吃半個月就過季的桂竹筍，以老菜脯雞湯來煨，最是鮮美。

3｜初夏的桂竹筍筍尖。

4｜分別是一年的蘿蔔錢，5 年的蘿蔔乾，和 40 年的老菜脯。

菣香

猶如晶瑩的月光

如果說運用香料是辨識族群飲食特色的一種方式，不使用辣椒可以說是辨認客家傳統菜餚的方法，客家經典菜幾乎看不到辣椒的蹤影，於今則否，在客庄吃飯，整桌菜看似客家味緒，基本盤的客家小炒、封肉、蘿蔔乾煲雞湯、大菜（芥菜）都不缺，援引台灣料理的白菜滷，抑或被公平貿易蠶食的蘿蔔燴牛肉侵門踏戶，都能在客庄落地生根，成為必備新菜式，看似有客家傳承也有新創的菜單，卻沒有一樣是客家菜，因為每一盤都加入同一味菣香，成了整桌只剩下一個味緒；辣——辣椒的辛辣氣味不是台灣人長久以來愛用的胡椒溫厚感。

菣香（kienˋ hiongˊ）是客家人運用香料的一種方式，與其他族群或菜系相較，堪稱別具一

格；河洛人有芡芳（khiàn phang）是指炒菜前先把蔥蒜爆香，或揑芳（音同芡芳），炒菜時在鍋中翻炒逼出香味。

但很少族群會像客家人一般，以菣香一詞包含使用香料的全部方式，尤其愛用新鮮香料做菜是為最大特色；在起鍋前撒一把香菜，丟七牽插（九層塔）到湯鍋裡，或蔥段蒜白爆香炒高麗菜、菜筍，舉凡各式葉菜類都可以這麼做。至於下鍋前必定煸香蒜頭、薑片也叫菣香，聽起來像是台灣人炒菜習慣先爆香的做法，但客家人的菣香在料理中無處不在，方式繁複，如蒸菜頭粄加白胡椒粉也叫菣香，是在飲食中想方設法提升嗅覺與味覺的一種精緻表現。

菣香是累積了好幾代人對食材有深刻了解的風土飲食，一盤炒高麗菜先用時令蒜苗爆香再下鍋，跟不是季節時用蒜頭爆香完全不是一回事，有了蒜苗菣香就有了旬味，一如煠大菜沾桔醬吃是冬天的饗宴，無法被取代。

當季新鮮的蔥、薑、蒜、香菜、七牽插，或製作過的胡椒粉、油蔥酥都可以是豉香的食材，客家人恰恰不用辣椒，都說客家人不吃辣，事實上，是因為傳統客家菜幾乎看不見辣椒的痕跡。

從經典客家菜來看，也真是不需要辣椒來提味，客家炒肉講究油、鹹、香融合的層次感，味道足夠就不需要辣椒搶味，封肉和爌肉更是不用辣椒搶了醬味，豆乾湯、老菜脯湯溫潤厚實的陳年香氣，加了辣椒就有了雜味，刺激絕對是底蘊的殺手，最恐怖的是被稱為梅乾扣肉的覆菜或鹹菜乾肉餅加了辣椒，完全失去菜乾的香氣。

尤其，乾燥香料或香料包在現代飲食上的弊端，從無時無刻、日日都有的食安新聞中，危害無處不在的疑慮畢現，也傳達大眾飲食習於重口味麻痺舌頭，商機無限就危機處處。

辣椒及其辣椒製品不在客家菜的食材和香料的名單中，雖然隨著時代吃辣的潮流不是不能用，但用太多、毫無觀點的使用，不禁讓人想問，是廚師偷懶不願意在香氣感官上努力，或著為了掩飾食材的粗糙而以辣椒來麻痺舌頭，最糟的是忘了客家菜的精髓——䓤香是晶瑩的月光，凝視她就會有所體悟。

最能傳達客家飲食精髓的煮鹹粄圓（湯圓），飽含了米食、配頭和䓤香，粄圓煮好後，最後加入的季節香料，可以是茼蒿、韭菜，有人是為了茼蒿而吃粄圓，有人非得韭菜不可，倒是不喜加飲食攤常見的小白菜，因為以䓤香觀點來看，小白菜並非香料食材，沒有香氣，不會增添味緒。

後記

這本書的第一張照片是二〇二五年五月二十二日早上五點四十一分左右，夏天來臨，蟲鳥一大早就開始鳴響，日光早早從窗戶一角射進來，我家坐東北朝西南，後陽台和浴室是最早能辨認陰鬱明媚或晴雨風歇，雲卷雲舒的位置，幸運的話，就能拍到一張自左到右，從鵝公髻山、大小壩尖山一路逶迤到加里山的聖稜線盛況，如果在冬天，雪山山頭的白雪隱約可見，我爸可以在菜園裡仰頭與之相望，低頭安撫蝸牛蟲蟻，他常說，「留一點給我吃吧。」

出版前夕，我在《客新聞》的專欄就寫滿了三年，每週一篇，有時候會多一篇，這是一條思考我的寫作之路的「樟之細路」（Raknus Selu Trail）——從最初的雜漫橫生到清理出路徑，並讓我體會身為客家人到底為何的心靈風景，雖然還沒有答案，唯過程中記錄下的菜盤果實，田野山林，村庄與細路的種種觀察和學到的客語，僅供參考而已；但我慶幸身為客家人，讓我有個明確的身份認同，並且能從他人口中得到應證。

我聽過不只五個手指頭的人數，用欣羨的口吻說，真羨慕客籍作家；其隱含的脈絡跟喻意是背後有個體系在支撐，我懂，我就是受惠者，如果沒有《客新聞》讓我毫無節制，沒有限制寫作題材，包容並擔負我在其中引起的爭議，我就無法摸索並長出責任心，意識到作為客籍寫作者要如何表現客家人的樣子，傳達逐漸消失的族群面貌。

這世界提到族群很容易引起爭議，尤其在某些地方要謹慎又謹慎，即使歐巴馬擔任過八年的美國總統，有色人種仍然是美國共識中無法解決的大議題。在我們的國家，我先是台灣人，才是台灣客家人，從小就在要稱對方福佬人、河洛人，還有外省人本省人中不知所措，然後我逐漸看開了，就像已經不介意別人叫我「客人」一樣，我知道大部分的台灣人都知道是怎麼一回事，都懂混合或融合、多元族群和少數族裔的說法意味者什麼。

在客家寫作與《風物季語》出版的路上，最先要感謝老友客家傳播基金會總經理莊勝鴻，他擔任《客新聞》總編輯的第一天起，我就開始寫這個專欄，勝鴻是一位總是有奇思妙想的新聞人，因為這種特質讓我得到很大的空間，因為他的包容並尊重我的寫作內容，讓專欄可以長成我喜歡的樣子，以及每週幫我處理稿件的《客新聞》編輯李台源，每週敲他訊息固定交稿，我視為一種習氣與修行，擁有這種恆常的穩定，也是一種幸福吧。

除此之外，這本書的插圖彭雅倫，雅倫開始投注更多心力畫畫與創作之際，仍然抽空幫我的文章畫插圖增色，讓我倍感溫暖，此外這本書的照片因為有幾張是朋友們相挺的作品，攝影師江申豐、李東陽和旅遊記者許瑛娟、廚師廖永勛（Ted）、美濃水雉保護人黃淑玫的照片，補足本書要傳達的訊息，我不只是感激而已。而這本書能出版，要感謝貓頭鷹出版的總經理謝宜英看見了我的寫作，和協助這本書出版的副總編李季鴻勞心勞力，沒有他們就無法完成編輯並出版。

最後謝謝客家傳播基金會的出版補助，以及我的父母無限支持與包容，沒有他們就沒有我，我想念我的阿公阿婆了。

二〇二五年六月七日　蕭秀琴於頭份

風物季語：在季節流轉中品味日光和北風，於淺山流域鋪陳一桌客家菜

作者　蕭秀琴
膠彩插圖　彭雅倫
選書人　謝宜英
責任編輯　李季鴻
學名修訂　趙建棣
校對　林欣瑋
版面構成　彭雅倫、簡曼如
扉頁繪製　林哲緯
封面設計　兒日設計
版權專員　陳柏全
行銷專員　袁響
數位發展副總編輯　李季鴻
行銷總監兼副總編輯　張瑞芳
總編輯　謝宜英
出版者　貓頭鷹出版 OWL PUBLISHING HOUSE
事業群總經理　謝至平
發行人　何飛鵬
發行　英屬蓋曼群島商家庭傳媒股份有限公司城邦分公司　115台北市南港區昆陽街16號8樓
劃撥帳號：19863813／戶名：書虫股份有限公司
城邦讀書花園：www.cite.com.tw／購書服務信箱：service@readingclub.com.tw
購書服務專線：02-25007718～9／24小時傳真專線：02-25001990～1
香港發行所　城邦（香港）出版集團有限公司／電話：(852)25086231／hkcite@biznetvigator.com
馬新發行所　城邦（馬新）出版集團／電話：603-9056-3833／傳真：603-9057-6622
印製廠　中原造像股份有限公司
初版　2025年6月
定價　新台幣540元／港幣180元（紙本書）　新台幣378元（電子書）
ISBN 978-986-262-756-3（紙本平裝）／978-986-262-753-2（電子書EPUB）

讀者意見信箱　owl@cph.com.tw
投稿信箱 owl.book@gmail.com
貓頭鷹臉書　facebook.com/owlpublishing/
【大量採購，請洽專線】　(02)2500-1919

城邦讀書花園
www.cite.com.tw

財團法人
客家公共傳播基金會 出版補助

國家圖書館出版品預行編目(CIP)資料

風物季語：在季節流轉中品味日光和北風，於淺山流域鋪陳一桌客家菜 / 蕭秀琴著. -- 初版. -- 臺北市：貓頭鷹出版：英屬蓋曼群島商家庭傳媒股份有限公司城邦分公司發行, 2025.06
面；　公分
ISBN 978-986-262-756-3 (平裝)

1.CST: 飲食風俗 2.CST: 社會生活 3.CST: 客家 4.CST: 臺灣

538.7833　　114004568